“十三五”江苏省高等学校重点教材（编号：2019－1－087）
应用型本科经济管理类系列教材

文献检索与毕业论文写作

（第四版）

主　编　张言彩　刘　笑
副主编　周　鹏　许建峰

西安电子科技大学出版社

内容简介

本书在编写过程中吸收了国内外文献检索、论文写作理论与实务的研究成果，系统地说明了文献信息检索的基础知识和基本技能，介绍了各种文献的特点与分布、常用文献检索工具的使用方法，详细阐述了毕业论文写作的全过程。本书分为两大部分：第一部分为文献检索，对国内外常用的经典中外文文献数据库的特点和检索技能进行了详细介绍；第二部分为毕业论文写作，介绍了毕业论文写作的基本知识、要求和技巧，对毕业论文的选题、撰写、修改、答辩等全流程知识，以及学术不端的内涵、容易出现的行为和表现进行了详细甄别，为学生在研究中规避相关问题提供了有益指导。

本书适合高等院校本科生、专科生、研究生及教师使用，也可以作为相关研究人员、企业经营管理者的参考用书。

图书在版编目（CIP）数据

文献检索与毕业论文写作 / 张言彩，刘笑主编. -- 4 版. -- 西安 ：西安电子科技大学出版社，2024. 8（2025. 1 重印）. -- ISBN 978-7-5606-7346-2

Ⅰ. G254. 9；G642. 477

中国国家版本馆 CIP 数据核字第 2024WF7844 号

策　　划　高　樱

责任编辑　高　樱

出版发行　西安电子科技大学出版社（西安市太白南路 2 号）

电　　话　(029) 88202421　88201467　　邮　　编　710071

网　　址　www. xduph. com　　电子邮箱　xdupfxb001@163. com

经　　销　新华书店

印刷单位　陕西天意印务有限责任公司

版　　次　2024 年 8 月第 4 版　2025 年 1 月第 3 次印刷

开　　本　787 毫米×960 毫米　1/16　印张 12. 5

字　　数　221 千字

定　　价　39. 00 元

ISBN 978-7-5606-7346-2

XDUP 7647004-3

前言

PREFACE

对于科研工作者及高校师生，随时了解外界信息十分必要。在当前信息时代，获取信息的途径和手段越来越简单，但是随之而来的信息轰炸会带来信息分类不够准确等问题。同时，论文选题、期刊投稿、论文写作及基金申请等都与文献信息的检索和利用密切相关。

本书旨在满足“信息洪流时代”科研工作者及高校师生的需求，希望能为其研究和教学活动提供一些帮助。本书可作为高等院校文献检索与论文写作课程的教材或教学参考书，也可供科研工作者检索文献信息时参考使用。

历经三次修订，本书的主要特色如下：

(1) 全面介绍了文献检索与论文写作的基础知识，详细介绍了文献检索与论文写作的方法和技巧，实用性较强。

(2) 系统介绍了文献检索与利用的全过程，从研究课题的选择到论文的写作、发表，包括制订研究策略、使用数据库收集文献资料、评估资料、发现重要文献，以及追踪最新的学术进展、撰写论文等，应用性较强。

(3) 全书结构清晰，内容简明扼要、由浅入深、循序渐进，案例丰富，有较强的针对性，方便教师教学与学生阅读。

本书包括文献检索与毕业论文写作两个部分。第一部分为文献检索(第一章至第三章)，阐述了文献检索的基础知识，对国内外主流检索工具和重要的文献数据库进行了详细介绍，该部分由淮阴师范学院周鹏老师修订。第二部分为毕业论文写作(第四章至第十三章)，介绍了毕业论文写作的流程、要求和技巧，主要包括毕业论文的选题、撰写、修改和答辩，学术不端行为的内涵、防范以及毕业论文评选标准等内容，该部分由淮阴师范学院刘笑(负责第五章至第八章)和许建峰老师(负责第九章至第十三章，以及附录)修订。张言彩教授负责全书的统稿工作。

本书是在第三版的基础上修订而成的，每一章增设了思政寄语和扩展阅读等板块，能够更好地满足课程思政教学的需要。本书在编写过程中吸取了众多国内外专家的报告、论文、专著和教材中的精华，在此，谨向这些专家和作者一并表示感谢。

由于编者水平有限，本书中难免有欠妥之处，恳请读者批评指正。

编　者

2024 年 4 月

目录

CONTENTS

绪 论

INTRODUCTION

当今社会是信息化社会，信息日益成为社会发展的决定力量和主导因素。因此，重视和发展大学生的信息素质，强调信息素质教育是高校顺应信息社会发展和培养大学生自身发展的必然趋势，而提高学生的信息知识储备和培养学生的信息检索技能主要是通过在高校开设“文献检索与利用”课程来实现的。同时，现代高科技的发展，特别是网络技术的迅速发展，对我国的高等教育产生了巨大而深远的影响。1984 年，国家教委颁布了在全国高校开设“文献检索与利用”课程的文件，随后文献检索课程的设置逐步推广开来。目前，全国 90％以上的院校已经开设了与文献检索相关的课程，教学方式有必修课、选修课、讲座报告等。文献检索课程在普及文献检索知识、培养大学生信息素养方面起到了很好的促进作用，它不仅有助于当前教学质量的提高，而且是教育面向未来的一个重要组成部分，对于人们不断吸取新知识、改善知识结构、提高自学能力和研究能力、发挥创造才能具有重要意义。

（1）高校开设“文献检索与利用”课程，是适应当今科技文献高速发展形势的客观需要。

当今世界，科学技术日新月异，随之而来的科技情报也在急剧增长。2021 年，全国出版新版图书 225 253 种，总印数 27.48 亿册，总印张 294.58 亿印张。2021 年，中国作者发表国际科技论文的参考文献总数已接近 3000 万篇。与 2020 年相比，品种增长 5.44％，总印数增长 18.36％，总印张增长 20.56％。2022 年，中国发表高水平国际期刊论文 9.36 万篇，占世界总量的 26.9％，被引次数为 64.96 万次，论文发表数量和被引用次数均排在世界第 1 位。2023 年，我国共授权发明专利 92.1 万件，同比增长 15.4％；授权实用新型专利 209 万件、外观设计专利 63.8 万件。

在这样的形势下，作为一名科研工作者，要在有限的时间内，从复杂交错、浩如烟海的文献资料中及时、准确地获得进行科学研究所需要的情报，就必须掌握正确的文献检索技能。实践证明，一名科研工作者如果不具备文献检索技能，并且不能通过文献检索的手段掌握一定的科技情报，其科研工作就会困难重重，不仅会出现科研选题难、选错题的情况，还有可能重复别人已经做过的工作，从而造成人力、物力的极大浪费。科研工作者在科研工作中没有充分掌握科技情报而造成的损失在全世界每年达到千亿美元。我国在这方面的问题也较为严重，往往存在这样的情况，即同一科研课题，各自闭门研究的有几十家甚至上百家科研机构，尤其令人感到痛心的是，我们自己的一些科研成果，国内无人引用，国外却捷足先登，后面当我们自己要用的时候反而要从国外高价引进。由此可见，科研工作者掌握文献检索与利用技能，及时了解国内外技术发展的动态、水平及发展趋势，有效地继承前人成果，在科研工作中少走弯路，是十分重要的。在校大学生是未来的科研工作者，是我国科研队伍的后备军。面对当今科学技术迅猛发展和“信息爆炸”的形势，为了使大学生在参与工作以后能够更有效地进行科学研究，在高校开设“文献检索与利用”课程，对他们进行这方面的培养和训练，是非常必要的。

(2) 高校开设“文献检索与利用”课程，有利于增强大学生的情报意识，促进情报工作的开展。

在科学技术迅速发展的今天，情报工作对人类社会的发展起着越来越重要的作用。情报作为一种资源、一种无形的财富，已经受到人们的普遍重视。实践证明，无论是进行科学研究，还是发展生产，如果无视他人的最新研究成果，关起门来搞重复他人劳动的科学研究，其结果只能是徒劳的。而只有通过情报工作，在他人最新研究成果的基础上进行探索，才能取得事半功倍的效果。

现在，世界上许多国家都已充分认识到开发利用情报资源的重要性。在这方面，日本就是一个很好的例子。日本是一个自然资源比较贫乏的国家，它之所以能够于第二次世界大战后在战败的废墟上只经过短短的二三十年时间，就一跃成为 GDP 居世界第三位的发达国家，其原因之一就是他们高度重视情报这一重要资源。日本通过情报工作，把世界各国的情报加以搜集、整理、吸收和利用，发展和提高本国的科学技术，从而为促进本国的经济发展服务。通过情报工作，国家往往花很少的钱就能获取必要的信息，并取得巨大的经济成果，这已经被诸多事实所证明。

鉴于情报工作对于促进生产发展的重要作用，增强人们的情报意识，重视情报工作，加强情报人才的教育培养，显然是十分必要的。据统计，目前我国情报队伍的人数不到 10 万，并且其中多数人未经过专业的训练。虽然近年来全国图书情报学教育有了较大发展，但仍不能满足当今情报工作发展的需要。现在我国高校开设“文献检索与利用”课程，正是为了满足当今情报工作的开展、情报队伍亟待建设的客观需要而采取的一项具有战略意义的措施。文献检索是情报工作的一项重要内容，是开展情报工作、加速技术交流、迅速传递情报、有效开发情报资源的重要手段。开设这门课程，对学生深刻了解情报工作的重要作用和意义，增强情报意识，初步掌握获取、利用文献和情报的技能，为未来有效开展科学研究奠定基础，都将起到重要作用。

（3）高校开设“文献检索与利用”课程，有利于提高学生独立研究问题的能力，形成合理的知识结构，促进创造性的科学研究。

“文献检索与利用”课程是一门实践性很强的方法课和技能课。在教学过程中，学生在学习文献检索与利用相关知识的同时，还要付诸实践，如自己动手查阅文献资料，进行分析、鉴别、取舍资料等一系列活动。这种在学习、掌握知识的基础上自己动手实践的方法，使学生不仅可以学到丰富的知识，弄清情报的来龙去脉，还可以学到解决问题的方法，提高分析问题、解决问题的能力。学生在实践过程中，运用所学知识，通过文献检索的手段获得情报，可以起到开阔视野、启迪思维、改善知识结构的作用。课程实践不仅可以使学生深化已有的知识，还可以使学生得到启发，在原有知识的基础上拓展知识的广度，形成新的思想、观点和方法，从而促进创造性的科学研究。“文献检索与利用”课程的开设，对于学生的自学能力、独立研究问题能力的提高也是很有益处的。

第一章

文献检索基础知识

思政寄语

如果说我比别人看得更远些，那是因为我站在了巨人的肩上。

——牛顿

第一节　文献的概念及种类

一、文献的概念

“文献”一词最早出现于《论语·八佾》：“夏礼吾能言之，杞不足征也；殷礼吾能言之，宋不足征也。文献不足故也，足则吾能征之矣。”南宋朱熹在《四书章句集注》中将“文献”解释为：“文，典籍也。献，贤也。”其意思是说典籍和贤人的言论为文献。宋元马端临在其《文献通考》自序中说：“凡叙事则本之经史，而参以历代会要，以及百家传记之书，信而有证者从之，乖异传疑者不录，所谓‘文’也。凡论事则先取常时臣僚之奏疏，次及近代诸儒之评论，以及名流之燕谈、稗官之纪录，凡一话一言可以订典故之得失，证史传之是非者，则采而录之，所谓‘献’也。”他将录之于书本的文字称为“文”，而将传之于口的言论称为“献”。《辞海》(1979年版)对“文献”一词所作的定义为：“专指具有历史价值的图书文物资料，如历史文献；亦指与某学科有关的重要图书资料，如医学文献。”《辞海》强调了文献的历史继承性，认为只有“图书文物资料”才可以称为文献，而贤者言论则不在文献的范畴之内。

随着社会的发展和科学技术的进步，文字记录的方式和载体发生了巨大变化，文献本身的含义也发生了很大变化，它不仅包括传统的刻、写和印刷的文献，还包括胶卷、胶片、音频、视频、数字载体的文献。

按照我国《信息与文献资源描述》(GB 3792—2021)的定义，文献是指“记录有知识的一切载体”，它是存储在一定物质载体上的关于知识信息的记录。构成文献的要素有两个：一是知识信息，二是用以记录知识信息的载体。离开了任一要素，则不能成为文献。因此，文献也可以说是固化在一定物质载体上的知识。

构成文献的两个要素，即知识信息和物质载体，二者缺一不可。知识信息的范围非常广泛，如自然界、生物界的信息。它可以是人们已认识或还未认识的自然现象，也可以是人类在认识世界和改造世界的过程中所获得的知识、经验和科研成果的记录。它包括无数有用的事实、数据、理论、方法、定义、定律、定理、科学构思、假设和预测等。物质载体就是承载各种信息内容的物体。它们从早先的龟甲、石碑、帛书发展到后来的纸张，而后又出现了胶卷、磁盘、光盘、音频、视频等。随着科学技术的发展，未来可能还会有新型载体问世。

在人类社会中，文献是人们认识客观事物、启发思维、开阔眼界、丰富知识的不可缺少的知识信息来源之一。因此，我们可以得出结论，文献是指记录有关科学知识信息的一切载体，也是记录和反映社会现象及其规律的载体。

二、文献的种类

文献所包含的内容是极其复杂的，其种类也是多种多样的，按不同的标准，文献可分为不同的种类。

1. 按内容划分

(1) 社会科学文献。社会科学是以社会现象为研究对象的科学，属于上层建筑、意识形态的范畴。由于社会现象极其复杂，人们需要从不同的角度来研究各种社会问题，因此形成了许多不同的学科，如政治学、军事学、经济学、哲学、法学、教育学、语言文字学、历史学、社会学等，它们是以研究社会现象、揭示其内在规律为目的的。凡是记录社会科学知识的物质载体就是社会科学文献。

(2) 自然科学文献。自然科学文献与社会科学文献有许多共性(如信息与知识性、人工负载物的实体形态性)，都具有记录、传播、积累等功能，反映了社会发展时期科学技术发展的新形势、新动向、新发明、新发现、新创造等。当然，它同样具有历史性，记载着数理化、农业、工业、环保、航天航空等科学领域的发展史。凡是记载自然科学知识的物质载体就是自然科学文献。

从文献学的角度来看，就文献本身而言，社会科学文献和自然科学文献在定义上只是所记载的知识内容不同而已。也就是说，可以通过给文献增加不同的定语来进行归类，如记载政治学知识的物质载体就是政治学文献，记载化学化工方面知识的物质载体就是化学化工文献等。

2. 按文献的载体形式划分

(1) 手写型文献。手写型文献指印刷术发明之前的古代文献和至今还没有正式付印的手写文稿。例如，古代的甲骨文、石刻、碑文、青铜器文、竹帛文，以及今天的手稿、笔记、会议记录等。

(2) 印刷型文献。印刷型文献是传统文献的基本形式，也是现代文献的重要形式。它以纸张为存储介质，以油印、铅印等为技术手段。这种文献的优点是便于携带、传送和阅览；其缺点是卷帙繁多，体积庞大，存储密度低，占据空间大。

(3) 缩微型文献。缩微型文献是以感光材料为存储介质、以缩微照相为技术手段而产生的一种文献形式。它包括缩微胶卷、缩微胶片和缩微卡片等。这种文献的优点是体积小，存储密度高，且节省空间；其缺点是需借助阅读机才能阅读。

(4) 机读型文献。机读型文献是指利用电子计算机阅读的文献，是一种以磁性材料为存储介质，以打字、穿孔或光学字符识别装置为机器语言，将内容输入电子计算机，阅读时再由计算机输出的文献形式。这种文献存储密度高，速度快，但要求技术设备先进，费用也较昂贵。

(5) 视听型文献。视听型文献也称音像资料或直感资料。它以磁性材料或感光材料为存储介质，是借助特殊的机械装置直接录音或录像而产生的一种文献形式。视听型文献基本脱离了文字形体，它直观真切，有声有像，图文并茂，传播速度快，可随时擦写，便于更新。

3. 按文献的使用加工深度划分

(1) 一次文献。一次文献是指通过理论和实验研究所获取的新成果、新知识或通过生产实践经验总结的知识载体，如期刊论文、科研报告、会议记录、学位论文等。一次文献所包含的知识是具有创新性、新颖性、先进性的知识，是学习、生产和科研的基本参考文献，也是以最基本的方式存在的情报源和信息源。

(2) 二次文献。二次文献是指把各种形式的无组织的一次文献按一定的原则进行加工、整理、简化、组织的文献。这是一种系列化的文献，专供查找一次文献时使用，提供一次文献的线索。各种目录、索引、文摘、题录等都属于二次文献。

(3) 三次文献。三次文献是指在合理利用二次文献的基础上，选用一次文献的内容进行分析、综合、评述而编写出来的文献，如动态综述、专题综述、进展报告、年鉴、手册、学科年度总结等。期刊论文和会议论文中的综述性文章属于三次文献。学位论文中有一小部分是综述性的论文，这也属于三次文献。

(4) 零次文献。零次文献是指知识尚未进入整理或尚未完成整理，特别是尚未载入正规载体的一类文献，也可以解释为尚未形成一次文献的非出版物。

读书札记、生产日记、实验记录、设计草图、论文草稿、谈话记录、情报素材、科学信件、患者病历等，都属于零次文献。零次文献的特点是内容新颖，资料性强，信息来源直接。目前在国际上开展的积存手稿服务和正在进行的科研情报服务中，零次文献占据重要的位置。

4. 按文献的编辑出版形式划分

(1) 图书。图书是品种最多、数量最大、历史最长的一种文献形式。它的内容成熟，形式正规，论述问题完整。但由于它需要经过作者的构思、撰写、校对、定稿，再通过编辑出版部门的审阅、修改、批准、发行，因此其出版周期较长，报道的知识比其他文献在时间上要晚。图书按照篇幅和出版形式的不同，又可分为小册子、多卷书、丛书等。

(2) 期刊。期刊是一种定期或不定期的连续出版物，具有比较稳定统一的刊名，有一定的序号或年、期号(卷、期号)。期刊所收的内容新颖，报道及时，资料性和参考性强，且每期内容各异，是由多名作者撰写的多篇文章的集合体。与图书相比，期刊出版周期短，反应速度快，情报信息多，内容新颖，学术性强，能及时反映学科发展的最新动向和科学研究的最新成果。

(3) 报纸。报纸与期刊有许多共同之处，它也是周期性的连续出版物。有人把报纸当作期刊的特殊形式，将二者合称为报刊，但它们之间是有区别的。从形式上看，报纸的装订比期刊的装订简单。从内容上看，报纸以新闻报道为主，涉及范围广泛；期刊以反映某一方面的情况为主，内容比报纸具有针对性。从出版周期看，报纸比期刊的出版周期短。从作用上看，报纸比期刊更具有宣传鼓动性。

(4) 政府出版物。政府出版物是指各国政府部门及其所属机构发表的文件。对于想了解各国的政治、经济及政策演变等情况的读者来说，政府出版物能提供大量有价值的资料。政府出版物一般分为公开资料、内部资料和机密资料三种类型。

(5) 会议论文。会议论文一般指学术会议和专业会议上被宣读、讨论或散发的论文和汇编成册的文献。由于每次召开的会议都是围绕着一个特定的专题或几个专题进行的，都会产生一些新的观点或成果，有些会议还能反映一个地区、一个国家目前在某学科领域达到的水平，因此，会议论文是十分重要的情报源。

(6) 学位论文。学位论文是指高等院校学生为取得学位而撰写的论文。英国标准学会对学位论文所下的定义为：作者为获取更高一级学位候选资格、专业资格或其他受奖资格而提交的介绍本人研究成果的调研报告或论文。学位论文一般分为学士论文、硕士论文和博士论文。这种文献讨论的问题专业且有深度，一般有独创性，但水平参差不齐，多数不能发表或出版，属于典型的一次文献。

（7）研究报告。研究报告也叫作科研报告，是一种描述一项研究的进展、成果，或一项技术研制试验及评价结果的文体。它反映的科研成果和技术革新成果比期刊、论文快。由于研究报告对某些课题的演讲和实验做了如实的记录，所以报告的内容较专深具体且完整可靠。此外，研究报告还具有时滞短、时效快、出版迅速、篇幅和出版日期不定等特点。因为其具有一定的保密性和专门性，所以一般采用出版单行本的办法，在一定的范围内流通。与期刊相比，研究报告在内容上具体详尽，有失败和成功两方面的记录。

（8）专利文献。发明人或专利人向自己国家或国外的专利局提供申请保护某项发明时会呈交一份详细的技术说明书，该说明书经专利局审查或授权后即形成专利文献。这对企业界科研人员了解新的科研成果、研发新产品有着重要的促进作用，甚至一个企业会因为获得一个新的专利而改变自身的命运。

（9）标准文献。标准文献是由国家某一机构颁发的与工农业技术产品、工程建设的质量、规格及检验方法相关的各种技术规定的文件，是从事经济建设和科学研究的共同技术依据。标准文献具有计划性、协调性、法律约束性等特点，它可以使产品规格化、系列化。产品质量标准化对提高生产水平和产品质量、合理利用资源、节约原材料、推广应用研究成果、促进科技发展等有着非常重要的意义。

（10）其他文献。其他文献包括地图、族谱、乐谱、剪报、手稿、碑拓、广告、产品说明和技术档案等资料。

第二节　文献检索的发展

一、手工检索

手工检索就是检索者利用印刷型检索工具检索文献，这是一种传统的检索方式。它的优点是不需要借助任何设备，只需必要的检索工具便可随时随地检索文献，符合人们的阅读习惯；其缺点是浏览速度慢，效率低。

手工检索一般分为直接检索法和间接检索法。

1. 直接检索法

直接检索法又称直检法，是指不依靠工具书和参考书而直接检索的方法。它包括记忆直检法和盲检法等。记忆直检法和盲检法是不科学的，因为其检索效果往往取决于检索者平时的知识积累和记忆力。

2. 间接检索法

间接检索法是指凭借工具书检索文献的方法，又称工具检索法。根据查找时间的顺序不同，间接检索法可分为以下几种。

（1）顺查法。它是按照时间发展的先后顺序，由远及近地检索文献的一种方法，是文献检索常用的方法之一。其优点是查全率较高，漏检率较低，追溯源流，浏览全貌，是一种按实际事件的自然发展顺序进行检索的方法；其缺点是费时费力。

（2）倒查法。它是按照时间逆序由后向前、由近及远地检索文献的一种方法，也是常用的方法之一。其优点是检索到切题文献即停止，可获得最新的情报资料，省时省力；其缺点是容易漏检，不宜用于求全的文献检索中。

（3）分段法。顾名思义，分段法就是在检索文献时，不完全依照时间的顺序，而或以文献发布的最新时间来查找，或以文献发布的最早时间来检索，或根据需要将文献分为一段一段甚至跳过一段进行检索的方法。采用分段法时，如果对检索的结果不满意，可重新开始检索，直至满意为止。

（4）扩展法。这是利用相关文献中的夹注、脚注、参考文献、辅助索引等扩大检索线索，进一步查找所需文献的一种检索方法。这种方法从相关文献的有关注释、参考文献、辅助索引中扩大并发现新的线索，然后检索用新线索标引的原始文献；同样，再将新的原始文献中的注释、参考文献、辅助索引等作为新的检索线索，查其原始文献，以达到扩大检索线索、获取更多原始文献的目的。该检索方法虽然具有查找文献比较专深的优点，但非常容易漏检，一般在文献检索过程中，尤其是在检索的内容要求完整时最好不使用此法。

（5）追溯法。追溯法又称回溯法，是以某一篇文献末尾所附的参考文献为依据，由近及远进行逐一查找的方法。通过该法的不断追溯检索，可找到某一专题的大量参考文献。此法直观、方便，在不具备检索工具的情况下，是一种扩大文献信息源的好办法。其缺点是检索效率低，查全率低，漏检率高。

传统的手工检索方式的优点表现在：能了解标引规则，按规则进行各项著录，便于检索者根据文献标引规则查阅相关文献；能了解各类检索文献的收录范围、专业覆盖面、特点和编制要点，检索回溯期长，可以提高查全率和查准率；灵活性高，费用低；便于检索策略的制订和修改，所得到的文献信息一般符合检索者的信息要求，并且在手工检索过程中发现问题后可及时提出和修改。在载体内容的直观性方面，手工检索也优于计算机检索。利用手工检索工具，人们无须借助任何转换设备便可一目了然地判读具体文献的描述内容，也能够比较准确地了解其全部内容。

但是，随着检索技术的发展，手工检索方式表现出很多缺点：检索速度慢；

检索受时空的限制；检索受馆藏资源的限制；更新周期长，图书、期刊文献从印刷到图书馆采购、加工、上架、流通一般需要两三个月，甚至半年或一年以上的时间，由于图书期刊资料更新周期长，因此读者获得信息资料的新颖性和时效性大大降低；检索途径少，手工检索只提供目录、文摘、引文、主题、作者等一般信息，而计算机检索除提供以上信息外，还提供关键词、基金、机构、全文等多种信息。

二、文献的电子化

计算机技术和现代信息存储技术的应用，使文献信息的载体从传统的纸质媒介向光学、磁性媒介发展，文献信息的缩微化、电子化已成为主要的发展趋势，尤其是始于 20 世纪 70 年代的电子信息资源，已形成单机版和网络版两大系列。电子单机版主要以磁盘、光盘(CD－ROM)、集成电路卡等为载体，其中光盘以海量存储器著称，配以多媒体技术，发展尤为迅速。电子网络版以数据库和电信网络为基础，以计算机的硬盘为载体。电子文献容量大，体积小，能存储图文音像信息，可共享性高，检索速度快，易于复制和保存，具有很大的发展前景。计算机技术、电子技术、远程通信技术、光盘技术、视听技术、网络技术等，构成了信息的现代传播技术。联机检索、交互式图文检索、电子原文传递等现代化信息传播方式已进入实用阶段。信息检索已发展到网络化阶段，人们可以利用互联网，多途径、多选择、多层次地检索所需的文献信息。文献载体的电子化、文献传播的网络化特点明显。

三、文献数据库

确定论文的选题后，即可开始资料的收集工作。好的选题需要充足的材料进行支撑。材料是构成学术论文的一个重要因素，学术论文的质量取决于材料是否充实、准确、可靠。在搜集资料的过程中恰当地使用检索工具有助于顺利地查找、积累有关资料。通过对检索工具的系统学习，可了解各种检索工具的作用。例如，查找有关研究课题方面的图书时，可立即联想到书目，如果本馆馆藏书目不能满足需要，还可以查联合书目、新书目录以及各出版社、网上书店的目录；查找研究课题方面的论文时，则可采用索引和文摘进行查找等。如今，各种中外文全文报刊数据库可帮助人们获得从文献线索到文献原文的一站式服务。在查找资料时，可根据不同需要采取顺查法、抽查法等；同时，在积累资料的过程中，要注意检索工具的综合应用。由于各种检索工具都具有一定的局限性，因此学会对检索工具的综合应用，能提高所积累资料的准确性，降低积累资料的难度。

四、个人文献管理软件

1. 文献管理软件的优势

在当今信息技术高速发展的时代，过去十分烦琐枯燥的文献管理在计算机和网络技术面前已变得十分简单，人们不需要通过获取期刊原文或论文影印件等方式进行文献的引用和管理，只需要使用相关的计算机软件（参考文献管理软件）和网络资源就可轻松而准确地建立和管理自己的参考文献库。

利用文献管理软件管理参考文献有明显的优点：可以通过文字处理软件（如 Word）中的插件便捷地在论文所需之处插入所引用的文献，软件将自动根据文献出现的先后顺序进行编号，或根据杂志的要求注明作者和论文的发表年份，按照指定的格式将引用的文献附在文章的最后；在修改论文时，如果在文章中插入了新引用的文献，或删除了部分已有的文献，软件将自动更新编号，并自动更新文章最后参考文献目录中的文献内容；可以通过 Internet，在 PubMed 文献数据库中直接检索文献，并保存到用户自己建立的数据库中，还可以通过局域网或 Internet 检索 Medline 数据库，下载所需文献后，读入各种格式的 Medline 检索结果；可以在软件内链接 Internet 上的全文数据库和图片等与该文献资料相关的任何网页，还可以链接用户已经下载的位于本地计算机硬盘内的 PDF 文件或与该文献相关的任何文件（如图片、音频、视频等文件）；可以上网下载输入过滤器、杂志输出格式等文件，也可以自己编辑杂志输出格式等；节约时间，文献引用准确无误。

2. 常用的个人文献管理软件

目前，国内外较为常用的个人文献管理软件主要有以下几个。

(1) EndNote。EndNote 是文献管理软件中较为著名的一款，它是 SCI (Science Citation Index)的产品。EndNote 可以在线查找相关书目并保存查找结果，自动管理引用并生成参考书目列表，是非常适合研究人员、学者、学生以及图书馆人员使用的自动添加参考目录的工具。EndNote 可以在写作过程中自动检测到需要添加的资料，然后在 Internet 的数据库中进行搜索，接着按照对应的格式自动添加进去，还可以建立自己的资料库，以便日后使用。EndNote 内置的模板可使文章保持专业格式。使用 EndNote 内建的索引卡片来组织参考书目资料，可使参考书目资料的建立更简单。

EndNote 的界面布局简单，搜索查询方便，与 Word 无缝链接，支持 Z3950 标准，可以检索所有支持此标准的数据库，支持 GB2312 和 UTF-8 编码，对中文支持良好。但其缺点是不能建立子目录，无法分类。

(2) Reference Manager。Reference Manager 为美国 Thomson ISI Research

Soft 公司的产品，主要解决文献的管理和下载问题，它通过把一个文献的出版商、文献类型、期刊名称、题目、作者、单位、摘要、年份、月份、卷、期、起止页码等基本信息与本地全文链接起来，方便文献的查找和阅读。Reference Manager 支持美国物理联合会数据库（AIP）、美国光学学会数据库（OPTICA，曾用名 OSA）、Kluwer、Kluwer Calis 镜像、Science Direct、SpringerLink、中国期刊全文数据库（CJFD）等网络数据库中文献基本信息和全文（PDF 文件）的自动下载。Reference Manager 主要面向科研人员和研究生等需要文献下载和管理查阅的用户。它与 EndNote 的功能差不多，被 ISI 公司收购后，其更新并不积极，所以使用并不多。

（3）NoteExpress。NoteExpress 是国内开发的较为优秀的一款文献管理软件，功能比 EndNote 丰富，且符合中国人的使用习惯，对中文支持良好。其缺点是软件历史较短，细节之处不太完善，稳定性有待改进。NoteExpress 可以通过各种途径高效自动地搜索、下载、管理文献资料和研究论文。该软件可嵌入 Word 环境中使用，在 Word 中输出各种格式的参考文献信息，不需要脱离 Word 环境。

除管理线上参考文献资料外，NoteExpress 还可以管理硬盘上的其他文章或文件。作为个人知识管理系统，NoteExpress 支持用户自己添加数据来源，支持绝大多数流行的文献导入格式，并支持自己编辑的文献格式。

（4）Biblioscape。并不能简单地将 Biblioscape 归为文献管理软件，因为它的功能非常强大，它不仅是文献管理工具，还是文献分析工具。另外，Biblioscape 版本众多，可满足不同研究者的需要。Biblioscape 对中文的支持比较早，不过到现在仅支持 GB 2312 编码，不支持 UTF－8 编码。Biblioscape 的另一个较严重的缺点是对 Word 的支持不够好。

（5）其他文献管理软件。其他文献管理软件还有 ProCite、WriteNote、RefWorks、Scholars Aid 等。ProCite 因为对中文支持不好，所以国内鲜有使用。

另外，开源社区也有许多优秀的文献管理软件。

第三节　文献检索相关理论

一、文献检索的流程

一般而言，文献与信息检索的流程可以分为分析检索需求、拟订和执行检索计划、评估检索绩效三个步骤。

1. 分析检索需求

当科学研究者以及学习者就某一方面的问题进行调查研究，需要收集和整理其他人在这方面的工作成果与贡献时，就产生了对文献与信息检索的需求。检索需求根据所要研究的问题不同而有所区别，一般包括以下三个方面的内容。

(1) 了解检索的目标及其要求。检索的目标是指检索出的文献与信息的用途。检索目标有多种，有的是撰写项目申报书、撰写学位论文、准备教学用案例、编写教材、撰写项目研究报告、撰写专题综述；有的是收集和整理经济管理方面的信息，为解决实际问题提供背景资料；还有的是追踪掌握相关学科知识和方法等。检索的要求是指确定检索所需的文献与信息的形式、内容和质量，以便对检索结果进行验收控制。形式方面的要求包括所需的文献与信息的类型、数量、语种、年限和格式等；内容方面的要求包括检索课题所涉及的学科范围、主题内容、关键词、分类号以及它们之间的逻辑关系；质量方面的要求包括检索出来的文献与信息的权威性、可靠性、准确性、新颖性、及时性等内容。显然，检索的目标与要求是拟订检索策略和检索计划的出发点与基本原则。

(2) 明确检索的文献与信息要求。该项要求根据范围、程度等不同，大体上可以分成三种类型：普查型、攻关型和探索型。

① 普查型：需要全面收集有关某个主题的文献资料，特别是在撰写博士论文或编写某一个学科的大学教材时，要求竭尽全力收集所有重要的文献资料，最好能够追溯到学科的创始人所发表的相关文献资料。

② 攻关型：需要收集整理某一个主题在某一个特定方面的文献资料，其目标在于解决某一领域中的关键问题、热点问题或者时效性很强的问题。例如，在分析和处理自然灾害对经济管理的影响的问题时，要求检索的结果准确、新颖。

③ 探索型：为了了解和掌握某一个领域的最新研究动向和研究成果，要求检索出来的文献与信息资料具有新颖、及时、权威等特点。由于能够检索到的文献与信息资料非常多，所以必须明确此次检索覆盖的范围和深度，特别是需要明确必须在哪些文献与信息资源中进行检索，检索结果达到什么样的标准才算完成此次检索任务。

(3) 确定检索的关键词。根据检索的目标及其要求，可以对课题进行主题分析，掌握课题的核心内容、关键技术、研究方法，找出最能代表主题概念的若干检索词。在检索前，首先将课题进行分类。一般而言，可以根据课题所属的学科领域，按照国家有关规定或者学科领域的惯例进行归类，以确定课题所属的专业领域。譬如，课题是归属于管理领域中的战略、营销、运营、财务、人力资源的某一个专业领域，还是归属于经济领域中宏观经济、微观经济、计量经济的某一个专业领域。然后，根据这些分类来确定具有代表性的关键词。

2. 拟订和执行检索计划

检索计划通常是指为了实现检索目标而制订的行动方案，一般包括选择检索系统，选择检索途径，拟订检索流程，提交检索请求并评估，收集并整理检索结果等。

(1) 选择检索系统。检索系统的选择应主要考虑自己所能利用的文献与信息资源有哪些，哪些文献与信息资源库包含了自己所需的文献与信息的主要来源，有没有包含最权威的文献与信息，所能够覆盖的范围有哪些，能否提供最新的信息与文献，检索工具是否简便，是否容易使用等。也就是说，首先评估现有资源中哪些文献与信息资源可以满足检索的需求，并从中选择一个或几个来进行检索。文献与信息的检索系统非常多，它们在权威性、新颖性、全面性方面都有各自的特点，因此，需要选择一个合适的检索系统，满足检索者对于文献与信息的实际需求。

(2) 选择检索途径。检索途径又称检索路径，归纳起来，可以分成两大类：一类是根据学科领域的特点来反映文献与信息的内容特征的途径，包括主题、论文标题、关键词、分类等；另一类是根据出版方面的特征来反映文献与信息的外部特征的途径，包括著者、刊物名称、出版社、出版时间等。一般而言，根据关键词、论文标题、作者来进行检索是比较常用的检索途径，该途径可以将被检索的资源库中与该学科相关的所有论文完整地检索出来。根据刊物名称来检索、阅读论文是常用的跟踪本领域最新动态的方法。

(3) 拟订检索流程。在进行文献与信息检索的过程中，首先，要确定本次检索的评价指标以及标准值；然后，要登录到指定的文献与信息检索系统，利用检索系统提供的检索工具提出检索请求；最后，检索系统在后台自动进行检索、判定，再向检索者反馈既定格式的检索结果。

拟订检索流程的关键点包括：① 明确这次检索的评价指标值，检查这次检索是否达到检索者的要求；② 选择合适的检索系统，以便有效地进行检索；③ 确定表达文献与信息需求、检索课题内容的检索词，构造一个既能够很好地表达出检索课题需求，又能够被检索系统准确识别的检索表达式。

(4) 提交检索请求并评估。首先，登录到预先规划好的检索系统，利用系统提供的检索工具，将实现构造后的检索提问表达式输入系统中；然后，利用系统提供的检索指令提交检索请求，检索系统就会自动在后台运行，将检索结果反馈给检索者。这时，检索者需要按照预定的检索评价指标来对检索结果进行评估，以确定是否达到了预期的检索目标。通常而言，检索结果所显示的内容非常多，需要对检索结果进行排序。检索系统一般会将检索结果按照相关性进行排序，也可以按照时间或者其他方式来排序。对排序后的检索结果进行阅读、筛选和评估，找出有价值的检索内容，必要时给所需的结果打上标识符。如果检索内容太多，可以进行二次检索，缩小范围；如果检索内容太少，也可以进行二次检索，扩大范围。当然，如果确定在检索系统中已经达到检索目标，则可以终止对这个检索系统的检索，转向下一个检索系统，直到规划中所有检索系统都检索完毕为止。

通常而言，获取原始信息的方式有三种：① 通过全文数据库下载、打印检索出来的论文；② 点击链接转向原始的网页，打开网页后保存并打印该网页；③ 在可能的情况下，复制指定的内容到指定的文档中。

（5）收集并整理检索结果。每一次执行检索计划后，很可能会下载许多文件，或因粘贴很多内容而形成很多文件。为防止时间过久而忘记当初检索的目标、检索的成果以及经验等，必须对检索出来的内容进行适当的整理，分门别类排好顺序、做好标识，对这次检索工作进行归纳总结，形成文档。

3. 评估检索绩效

评估文献与信息检索绩效是指检验文献与信息检索是否达到预期的目标，能否满足检索的需求。一般而言，检索者总是希望在尽可能短的时间内准确、可靠、全面地收集到所需的权威性的文献与信息。根据实际的工作经验，从检索者的角度来看，评估检索绩效包括五个指标：相对查准率、权威性、新颖性、全面性和响应时间。

（1）相对查准率：在已经检索出来的文献与信息中达到检索者需求的部分所占的比率。例如，从系统中检索出来的100篇文献与信息，其中只有10篇达到检索者的需求，那么，相对查准率就是10%（即10/100）。

（2）权威性：是定性的评价指标，即已经检索出来的文献与信息中是否包含专家、学者等公认的权威性文献与信息来源。例如，在进行学术研究时，所检索到的论文是否包含该领域大多数顶级期刊的相关论文。

（3）新颖性：是定性的评价指标，即已经检索出来的文献与信息中最新发表的权威文献与信息的日期是否能够达到检索者的需求。

（4）全面性：从检索系统检索出来的与检索课题相关的文献与信息的数量，在实际可以利用的与该课题相关的文献与信息的总量中的比率。一般而言，在动态情况下，只能进行定性的评估，即是否将主要的文献与信息来源都包含在检索范围内。

（5）响应时间：从向检索系统提出检索请求到得到反馈检索结果的平均消

耗时间。在信息技术快速发展的今天，响应时间通常不需要特别关注，但是，访问海外的文献数据库以及信息数据库仍需要评估响应时间的影响。

二、文献检索的技术

计算机检索的实质就是计算机将输入的检索策略与系统中存储的文献特征标识及其逻辑组配关系进行类比、匹配的过程，需要人机协同来完成。计算机检索系统主要由计算机、通信网络、检索终端设备和数据库组成。世界上第一台计算机诞生距今已 70 多年，随着计算机技术、通信技术以及存储介质的发展，计算机信息检索经历了脱机批处理、联机检索、光碟检索与网络化检索四个阶段。

计算机检索技术是用户信息需求和文献信息集合之间的匹配比较技术。由于信息检索提问式是用户需求与信息集合之间匹配的依据，因此计算机检索技术的实质是信息检索提问式的构造技术。目前，计算机信息检索技术已经从基本的布尔逻辑检索、截词检索、词位限定检索、限制检索、加权检索等发展为高级的聚类检索等多种技术并存的模式。几乎所有的检索系统都有布尔逻辑检索、截词检索和限制检索，而不同的检索系统又会有一些特殊的检索技术和功能。

1. 布尔逻辑检索

布尔逻辑检索是现行计算机检索的基本技术，它利用布尔逻辑组配符表示两个检索词之间的逻辑关系，常用的组配符有“SAME”“AND”“OR”“NOT”，其优先级依次为“SAME”“NOT”“AND”和“OR”。在运算时，优先执行括号内的逻辑式。例如(A OR D)AND B，表示先执行“A OR D”的检索，再与 B 进行 AND 运算。为缩短检索式，在一些检索系统(如 Dialog)中，运算符“AND”“OR”“NOT”可分别用“＊”“＋”“－”代替。

对 A、B 两词而言，其逻辑含义分别如下：

AND——逻辑“与”。使用方法为：A AND B，表示 A 和 B 都为真时，结果才为真。

OR——逻辑“或”。使用方法为：A OR B，表示 A 或 B 中只要有一个为真时，结果就为真。

NOT——逻辑“非”。使用方法为：A NOT B，表示当 A 为真、B 为假时，结果才为真。

SAME——是比“AND”更精确的检索，它限定所连接的检索词出现在同一个句子或者同一个关键词短语里。使用方法为：A SAME B，要求 A、B 在同一个地址字段中出现。

布尔逻辑运算可以进行合并同类项，如 A＊B＋A＊C＝A＊(B＋C)；同时，遵循交换规则，如 A＊B＝B＊A，A＋B＝B＋A，A－B＝B－A。举个例子，如果“船舶”用 A 表示，“螺旋桨”用 B 表示，“计算机辅助设计”用 C 表示，“CAD”用 D 表示，“计算机辅助制造”用 E 表示，“CAM”用 F 表示，则有关“船舶螺旋桨的计算机辅助设计与制造”的布尔逻辑检索式为 A＊B＊(C＋D＋E＋F)；如果“中国”用 G 表示，则“国外船舶螺旋桨的计算机辅助设计与制造”的布尔逻辑检索式为(A＊B＊(C＋D＋E＋F))－G。在使用布尔逻辑运算符时，英文数据库通常用字母，中文数据库要用符号。

2. 截词检索

截词是指在检索词的合适位置进行截断。所谓截词检索，是指在检索标识中保留相同的部分，用相应的截词符代替可变化部分。为使检索时不遗漏相关词，提高检索效率，一般信息检索系统都开发了截词技术，利用截词符来屏蔽未输入的字符。截断方式有后截断(保持前方字符一致)、中截断(屏蔽中间字符)、前截断(保持后方字符一致)等，截断的数量有无限截断和有限截断。截词符根据检索系统的不同而不同，常用的截词符有“?”“＊”等。

下面以“?”为截词符号举例说明。

(1) 后截断。后截断是指将截词符号放置在检索词的右方，以表示其右方字符可以变化，左方字符保证一致。例如，当用户只知道文献作者的姓而不清楚名时，可在其姓的字后加“?”作姓氏截断，其表示方式为“张?”，表示检索所有张氏作者的文献。

(2) 前截断。前截断是指将截词符号放置在检索词的左边，以表示其左方字符可以变化，右方字符保证一致。例如，用户想要查找有关“化学”方面的文献，其表示方式为“? 化学”，表示无论是“无机化学”还是“有机化学”的文献等都需要检索。

(3) 前后截断。前后截断是指在检索词的左右两侧同时放置截词符号，以表示检索词两侧可以变化，中间字符保证一致。例如，用户想要查找“教育”方面的文献，其表示方式为“? 教育?”，即可检索到“大学教育”“中小学教育”“教育理论”“教育方法”等与教育相关的文献。

(4) 中截断。中截断是指将截词符号放在检索词中间，作为通字符，表示中间字符可以变化，而两侧字符保证一致。例如，用户想要查找有关“中国文学作品的写作特点”方面的文献，其表示方式为“中国? 写作特点”，即可检索到“中国小说写作特点”“中国诗歌写作特点”“中国戏剧写作特点”等方面的相关文献。

3. 词位限定检索

词位限定检索用于确定两个检索词之间的位置关系，大部分通用机检系统均提供该功能。不同的检索系统有不同的词位限定运算符，词位限定检索功能最为详尽的系统是 Dialog 联机检索系统，其提供的词位限定运算符及其所表示的检索含义如表 1-1 所示。

表 1-1　Dialog 联机检索系统的词位限定运算符及其所表示的检索含义

运算符	用法	表示的检索含义
W	A(nW)B	A、B 两词相隔 n 个单词且前后次序不变；n=0 时，格式为 A(W)B
N	A(nN)B	A、B 两词相隔 n 个单词且前后次序不限；n=0 时，格式为 A(N)B
L	A(L)B	A、B 两词在同一题词字段中，A 为主题词，B 为其副主题词
S	A(S)B	A、B 两词在同一字段中，即同一语句或同一短语中，词序不限
F	A(F)B	A、B 两词在同一字段中，字段不限，词序不限

通常用“ ”或()来表示两词是作为一个词组来检索的，如输入“profit and loss”将查找 profit and loss。禁用词(通常为一些虚词，如冠词和连词)不包含在检索范围之内，如 a、about、also、and、any、as、at、be、between、by、both、for、some、so、not、this、with 等将被自动忽略。

4. 限制检索

限制检索泛指检索系统中缩小或约束检索结果范围的检索方法。它主要有以下三种检索方式。

(1) 字段限制检索。字段限制检索是一种将检索词限定在数据库中的一个或几个字段范围内查找的检索方法。在检索系统中，数据库设置的可供检索的字段通常有两种，即表达文献主题内容特征的基本字段和表达文献外部特征的辅助字段。基本字段包括篇名、文摘、叙词和自由标引词四个字段。辅助字段包括除基本字段以外的所有字段，每个字段都用 2 个字母表示字段标识符。在 Dialog 检索系统的命令检索模式中，使用字段限制检索时，基本字段用后缀表示，辅助字段用前缀表示。例如，“computer and network/TI，DE”表示将检索式限定在篇名字段“TI”和叙词字段“DE”中；要查找著者 Smith D. 发表的文献，检索式可表示为“AU=Smith，D.”。

在大多数检索系统中，如果用户不对检索式注明字段限定范围，则系统会默认在四个基本字段中检索。通常字段限定范围的大小顺序是：篇名＜关键词＜摘要＜全文。

(2) 范围限制检索。除上述字段限制检索外，计算机检索系统一般还提供了范围限制检索功能，用以对数字信息进行限制检索。例如，Dialog(OnDisc)系统、SilverPlatter 系统、ProQuest 系统均设置了范围限制检索功能。

常用的检索符有以下几种：

－（包含范围）：如出版年 PY＝1990：2000、邮政区号 ZIP＝02100－02199。

＞（大于）：如公司销售额 SA＞500M。

＜（小于）：如研究生申请接受率 PC＜50％。

＝（等于）：如波长 WAV＝0.000 010 6M。

＞＝（大于或等于）：如公司总财产 TA＞＝500 000 000。

＜＝（小于或等于）：如公司雇员数 EM＜＝9000。

（3）高级检索、二次检索。现在的一些检索系统一般具有高级检索（又称"advanced"或"expert"）功能，它比简单检索功能更完备、精确，不仅可以实现多字段、多检索式的逻辑组合检索，而且对检索的限定更具体、全面。基于字符图形界面的高级检索系统易于操作。另外，使用二次检索可在当前检索结果中进一步进行检索，如 CNKI 系统、Web of Knowledge 平台均具有此功能。

5. 加权检索

加权检索是某些检索系统中提供的一种定量检索技术。加权检索同布尔检索、截词检索一样，也是文献检索的一种基本检索手段，但不同的是，加权检索的侧重点不在于判定检索词或字符串是否存在于数据库中、与别的检索词或字符串是什么关系，而在于判定检索词或字符串在满足检索逻辑后对文献命中与否的影响程度。加权检索的基本方法是：在每个提问词后给定一个数值表示其重要程度，这个数值称作权，在检索时，先查找这些检索词在数据库记录中是否存在，然后计算存在的检索词的权值总和。若权值之和达到或超过预先给定的阈值，则该记录即为命中记录。

运用加权检索可以命中核心概念文献，因此它是一种缩小检索范围、提高查准率的有效方法。但并不是所有系统都能提供加权检索技术，因为在权的定义、加权方式、权值计算和检索结果的判定等方面，又有不同的技术规范。

6. 聚类检索

聚类检索是在对文献进行自动标引的基础上，构造文献的形式化表示——文献向量，然后通过一定的聚类方法，计算出文献与文献之间的相似度，并把相似度较高的文献集中在一起，形成一个个文献类的检索技术。根据不同的聚类水平的要求，可以形成不同聚类层次的类目体系。在这样的类目体系中，主题相近、内容相关的文献便聚集在一起，而内容相异的文献则被区分开来。聚类检索的出现，为文献检索尤其是计算机化的信息检索开辟了一个新的天地。

文献自动聚类检索系统能够兼有主题检索系统和分类检索系统的优点，同时具备族性检索和特性检索的功能。因此，这种检索方式可能在未来的文献检索中大有用武之地。

总之，几乎所有的检索系统都有布尔逻辑检索、截词检索和限制检索，而不同的检索系统又会有一些特殊的检索技术和功能。

第四节 常用学术搜索引擎

一、谷歌学术搜索

1. 谷歌学术搜索介绍

谷歌学术搜索(Google Scholar)是一个可以免费搜索学术文章的谷歌网络应用。2004 年 11 月，谷歌第一次发布了谷歌学术搜索的试用版。该索引包括了世界上出版的绝大部分学术期刊，是可以广泛搜索学术文献的简便途径。谷歌学术搜索可以从一个位置搜索众多学科和资料来源，如学术著作出版商、专业性社团、预印本、各大学及其他学术组织的经同行评论的文章、论文、图书、摘要和文章，其有助于在整个学术领域确定相关性最强的研究。谷歌学术搜索的首页如图 1-1 所示。

图 1-1 谷歌学术搜索的首页

2. 谷歌学术搜索的方式

谷歌学术搜索的方式主要有以下几种。

(1) 作者搜索。作者搜索是找到某篇特定文章最有效的方式之一。如果知道要查找的文章作者，只需将其姓氏添加到搜索框中。例如，搜索【Friedman regression】(弗里德曼 回归)会得到以“regression”为主题、由“Friedman”撰写的文章。如果想搜索某位作者的全名、姓氏或全名首字母，则输入加引号的姓名【“Jh Friedman”】。如果某个词既是人名也是普通名词，建议最好使用“作者:”操作符。该操作符只影响紧挨其后的搜索字词，因此“作者：”和搜索字词之间不能有空格。例如，输入【作者：Flowers】(人名“弗劳尔斯”，也是花的意思)会看到由名为“Flowers”的人撰写的文章。

(2) 出版物限制。该方式只适用于高级学术搜索，只返回来自特定出版物、针对特定字词的搜索结果。但是，出版物限制搜索可能并不完整。谷歌学术搜索从许多来源收集书目数据，包括从文字和引言中自动提取，信息可能不完整，甚至不准确。例如，许多预印本没有介绍文章是在哪里(甚至是否)最终出版。通常情况下，如果确定自己在找什么，出版物限制的搜索是有效的，但搜索范围比期望值窄。

(3) 日期限制。该方式只出现在“高级学术搜索”页中。在寻找某一特定领域的最新刊物时，日期限制搜索会比较实用。

(4) 谷歌学术指标(Google Scholar Metrics，GSM)。GSM 是谷歌在 2012 年推出的一项功能，即根据期刊的引用情况计算排名，引入 h 指数、h 核心和 h 中位数这三项计量指标，每年发布一次，公布英文、中文、葡萄牙文、德文、西班牙文、法文、日文、荷兰文、意大利文 9 个语种的期刊 h 指数排名前 100 位的情况。因此，很多期刊以能够位列 h5 指数或 h5 中位数排名的前 100 名为荣。所谓 h5 指数，是指某期刊在过去 5 年内发表的论文中，至少有 h 篇论文每篇引用不少于 h 次。

谷歌学术(Google Scholar)发布了 2022 版的 GSM，其所涵盖的期刊为 2017—2021 年间发表的所有文章，并包含了截至 2021 年 7 月在 Google Scholar 中索引的所有文章的引文。在 2017—2021 年内发文量少于 100 篇的刊物，以及在这几年里没有被引用过的文章不包含在内。本次榜单把所有期刊分为 8 个大类，分别是商学、经济学和管理学，化学与材料科学，工程与计算机科学，健康与医学，人文学科、文学与艺术，生命科学与地球科学，物理和数学，社会科学。同时也能看到 h5 指数和 h5 中位数排名前 20 的刊物。

二、百度学术

1. 百度学术介绍

百度学术是百度旗下提供海量中英文文献检索的学术资源搜索平台。它于 2014 年 6 月初上线，涵盖了各类学术期刊、会议论文，旨在为国内外学者提供最好的科研体验。百度学术可检索到收费和免费的学术论文，并通过时间筛选、标题、关键字、摘要、作者、出版物、文献类型、被引用次数等细化指标提高检索的精准性。百度学术还是一个无广告的频道，页面简洁大方，保持了百度搜索一贯的简单风格。百度学术首页如图 1-2 所示。

图 1-2　百度学术首页

2. 百度学术的特点与搜索方式

1) 百度学术的特点

(1) 采用全球独有的超链分析技术。这种技术将传统情报学中的引文索引技术同 Web 中最基本的技术——超级链接技术相结合，即通过分析链接网站的多少来评价被链接的网站质量。这保证了用户在使用百度学术进行搜索时，越受用户欢迎的内容，其排名越靠前。

(2) 在中文互联网中拥有天然优势。百度是由我国自主开发的一款搜索引擎，其服务器分布在中国各地，这保证了用户通过百度学术可以以最快的速度搜索到世界上最新、最全的中文信息。

(3) 为中文用户量身定做。作为中国自己的搜索引擎，百度学术深刻理解中文用户的搜索习惯，开发出关键词自动提示功能，即用户输入拼音就能获得中文关键词正确提示；还开发出中文搜索自动纠错功能，即使在用户误输入错别字的情况下，也可以自动给出正确的关键词提示。

(4) 百度学术也提供了“相关检索”“网页快照”和“类似网页”等功能。从检索内容看，百度学术可检索网页、新闻、图片等，百度学术还整合了 MP3 和 Flash 两个专项搜索。

2) 百度学术的搜索方式

百度学术具有以下功能：有中文搜索自动纠错功能，当用户误输入错别字时，它将自动给出正确的关键词提示；支持布尔逻辑检索技术，用“ ＋ ”“ － ”“I”分别表示；支持限制技术，可在一个网址前加“site：”以表示搜索某个具体网站、网站频道或网页，在一个或几个关键词前加“”则表示只检索网页标题中含有这些关键词的网页；不区分英文字母大小写，所有的字母均作小写处理。

百度学术提供了关键词检索和高级检索两种搜索方式。采用关键词检索时，只要在百度主页搜索框中输入相关主题词，点击“百度一下”即可，百度学术会自动检索出所有符合查询条件的网站或资料，并将最相关的网站或资料排在前面。

高级检索除支持以上检索技术外，还对检索结果、时间、地区、语言、搜索结果显示条数、文档格式、关键词位置进行限制。搜索结果可限制为：包含以下全部的关键词、包含以下的完整关键词、包含以下任意一个关键词、不包括以下关键词。限制时间可为一天、一周、一月、一年。关键词位置可在网页的任何地方、仅在网页的标题中和在网页的 URL 中进行限制。文档格式有 pdf、doc、ppt 等等。

三、国外高校学术搜索引擎

1. BASE

比勒费尔德学术搜索引擎(Bielefeld Academic Search Engine，BASE)是德国比勒费尔德大学图书馆开发的一个多学科的学术搜索引擎，它采用挪威公司的 Fast 搜索和传递技术，可提供对全球异构学术资源的集成检索服务。目前，BASE 已经注册成为基于开放文档先导(Open Archives Initiative，OAI)服务的提供者，整合了德国比勒费尔德大学图书馆的图书馆目录和大约 160 个开放资源(超过 200 万个文档)的数据。

2. Scitopia

Scitopia 是由美国 AIP (American Institute of Physics)开发的一个以科学与技术为主题的文献搜寻引擎，汇集了美国 21 家杰出科学技术学会出版的数百万篇文献，可以搜寻到这些学会跨越 350 年的科学和技术资料、超过 350 多万份的文件，且全部都是经过同行审查的期刊文章、会议论文、专利和政府文件，因此使用者搜寻到的是高品质且可信赖的研究成果。

3. OAIster

OAIster 是密歇根大学开发维护的一个优秀的开放存取搜索引擎，收集了来自 536 家学术机构的 590 万篇文档，包括部分开放使用期刊的文章、工作论文、讨论文章、会议论文和学位论文。它可按关键词、题名、创作者、主题或资源类型进行检索，检索结果包含资源描述和该资源链接。

4. Intute

Intute 是一个免费、便捷、强劲的搜索工具，由英国高等教育资助理事会下的联合信息系统委员会和艺术与人文研究委员会开发建立，专注于教学、研究方面的网络资源。Intute 所收录的信息资源都是经过行业专家选择和评审的，保证了其质量，目前其数据库信息已达 120 060 条。Intute 共设四大领域：科学与技术、艺术与人文、社会科学、健康与生命科学。各个领域下又包含诸多学科，以科学与技术类为例，覆盖了天文、化学、物理、工程、计算、地理、数学、地球科学、环境以及交叉学科，信息达 33 806 条。Intute 的检索功能包括基本检索、高级检索和分学科浏览三种方式。Intute 支持布尔逻辑运算符，可以用“and”“or”“not”限定检索条件，检索词可以是题名、关键词或领域描述。

5. Research Index

Research Index 又名 CiteSeer，是 NEC 研究院在自动引文索引(Autonomous Citation Indexing，ACI)机制基础上建设的一个学术论文数字图书馆。它提供了一种通过引文链接检索文献的方式，目标是从多个方面促进学术文献的传播与反馈。Research Index 可检索互联网上 Postscript 和 PDF 文件格式的学术论文。目前在其数据库中可检索到超过 500 000 篇论文，主要涉及计算机科学领域，涉及的主题包括互联网分析与检索、数字图书馆与引文索引、机器学习、神经网络、语音识别、人脸识别、元搜索引擎、音频/音乐等。Research Index 在网上提供完全免费的服务，包括下载 PS 或 PDF 格式的全文，系统已实现全天 24 小时实时更新。

6. InfoMine

InfoMine 是为大学教师、学生和研究人员建立的网络学术资源虚拟图书馆。它建立于 1994 年，由加利福尼亚大学、维克森林大学、加利福尼亚州立大学、底特律梅西大学等多家大学或学院的图书馆联合建立。它拥有电子期刊、电子图书、公告栏、邮件列表、图书馆在线目录、研究人员人名录，以及其他类型的信息资源 40 000 多个。InfoMine 对所有用户免费开放，但是资源站点并不都是免费的，其免费与否取决于用户所在图书馆是否拥有该资源的使用权。

7. Information Bridge

Information Bridge 是由美国能源部下属的科学与技术信息办公室开发维护的搜索工具。它提供美国能源部 1994 年以来研究成果的全文文献和目录索引，涉及的学科领域包括物理、化学、材料、生物、环境科学、能源技术、工程、计算机与情报科学、可再生能源等。其检索方式有基本检索和高级检索两种。

8. 其他免费综合性学术搜索引擎

Vascoda 是一个交叉学科门户网站的原型，它注重特定主题的聚合，集成了图书馆的收藏、文献数据库和附加的学术内容。在线期刊搜索引擎(Online Journal Search Engine，OJOSE)是一个强大的免费学科搜索引擎，通过 OJOSE 能查找、下载或购买到近 60 个数据库的资源，但是操作比较复杂。Information Find Articles 提供多种顶级刊物的上千万篇论文，涵盖艺术与娱乐、汽车、商业与金融、计算机与技术、健康与健身、新闻与社会、科学教育、体育等各个方面的内容，大部分为免费全文资料，检索操作简单。

四、国内高校学术搜索引擎

1. CNKI 知识搜索

中国知识资源总库(CNKI，中国知网)是以实现全社会知识资源传播共享与增值利用为目标的信息化建设项目，由清华大学、清华同方发起，始建于 1999 年 6 月。它由清华同方知网公司依托自己的资源开发，搜索对象包括数值知识元、学术定义、翻译助手、图形、表格、新概念等，内容包含近 8000 种期刊，300 所大学研究院所博士、硕士论文，1000 种学术会议论文集，1000 种重要报纸文章。其数据涵盖多个学科领域的最新科技文献资料，且实时更新。该搜索引擎的一个显著特点是可提供搜索结果的多种个性化排序方式，如综合排序、相关度排序、被引情况排序、期望被引排序、发表时间排序、作者指数排序等，其中期望被引排序和作者指数排序是系统自动计算的参考值。

2. Socolar

Socolar 是全球最大的开放获取学术资源专业服务平台，是由中国教育图书进出口公司历时 4 年自主研发的开放获取资源一站式检索服务平台。通过 Socolar，读者可检索到来自世界各地、各种语种的重要开放获取资源，并提供开放获取资源的全文链接。同时，也可以通过 Socolar 享受开放获取资源的定制服务，推荐读者认为应该被 Socolar 收录但尚未被收录的开放获取资源，发表读者对某种开放获取期刊的评价。另外，Socolar 还是开放获取知识的宣传和交流平台、开放获取期刊发表和仓储服务的平台。

Socolar 平台为各图书馆丰富馆藏及读者获取网上免费的学术文献提供了一个崭新的途径。其主要提供基于开放获取期刊和开放获取机构仓储的导航、免费文章检索和全文链接服务。其特点如下。

(1) 海量资源：截至 2023 年，Socolar 平台涵盖来自全球 100 多个国家、近 7000 家出版社的 3 万多种学术期刊的资源内容，其中开放获取文章超过 1000 万篇，付费获取文章超过 4500 万篇。其资源内容广泛被 SCI、SSCI、SCIE、AHCI、EI、PubMed、DOAJ 收录，文章涉及的语种包括中文、英文、西班牙文、德文、葡萄牙文、法文等 40 种。其内容覆盖全部学科，根据中图分类法，其中医药、卫生、工业技术、经济、文化、科学、教育、体育和社会科学几个大类总数占60%以上，生物科学、数理科学、化学、政治法律以及哲学宗教期刊的数量也非常可观。

(2) Google化检索功能：提供简单检索、高级检索，支持专家检索。

(3) 检索项目多样：包括篇名、作者、摘要、关键词、刊名(仓储名)、ISSN、出版社等。

(4) 期刊浏览：可以按照学科、刊名顺序浏览文章。

(5) 数据每日更新：提供用户意见反馈、全文索取、资源推荐等功能。

另外，现在一些高校图书馆也在其主页嵌入学术搜索引擎，如北京大学图书馆的"未名学术搜索"。

3. cnpLINKer

cnpLINKer(中图链接服务)是由中国图书进出口(集团)总公司开发并提供统一检索、获取国外期刊的网络检索平台。目前，该系统共收录国外3000多家出版社的20 000多种期刊的目次和文摘数据，数据保持更新。

4. Ilib 搜索

Ilib搜索是万方数据股份有限公司针对互联网用户需求建立的专业学术知识服务网站，隶属于万方数据资源系统，对外服务数据由万方数据资源系统统一部署提供，搜索范围包含万方集团旗下的所有数据库，包括医药卫生、农业科学、工业技术、哲学政法、社会科学、经济财政、教科文艺、基础科学8个学科类目，搜索结果按期刊名和篇名显示。Ilib提供一般检索、关键词检索和按学科分类浏览三种检索形式，检索结果显示标题、作者、出处、年期、关键词、摘要及参考文献等详细信息，但是获取全文需要付费。

5. CALIS 学术搜索引擎 e 读

e读集成了我国高校所有资源，整合了图书馆纸本馆藏、电子馆藏和相关网络资源，可让读者在海量的图书馆资源中通过一站式检索查找所需文献，获取全文。

6. 读秀学术搜索

读秀学术搜索是一个海量的超大型数据库。该数据库是图书搜索及文献传递服务的系统平台，提供了330多万册的图书书目数据检索、3亿多条图书目次检索、240多万种电子图书全文检索，提供多面检索技术，实现了图书馆的纸质图书、电子图书等资源的统一检索及馆际互借参考咨询服务功能。用户可以通过读秀对图书、期刊、报纸、会议论文、学位论文等文献资源的题录信息、目录、全文内容进行搜索，年更新数据10万种以上。

第五节　文献检索的意义和作用

一、文献检索的意义

在科学技术飞速发展的今天，文献的数量、种类急剧增加，若要从浩如烟海又极其分散的文献中迅速、准确地查到自己所需要的文献资料并非易事。为了节省时间，少走弯路，就必须拥有打开知识宝库的钥匙，掌握文献检索的技能。具体来说，文献检索具有以下四个方面的意义。

（1）促进智力资源的开发与利用，推动社会进步与发展。

文献是人类社会的一个巨大知识宝库，是一种宝贵的智力资源，而文献检索则是开发人类智力资源的有效手段。正如柏林图书馆大门上所镌刻的——“这里是人类知识的宝库，如果你掌握了它的钥匙，这里的全部知识就是你的”——文献检索正像一把开启知识宝库的钥匙，掌握并有效地运用它，便能获得和利用人类的精神财富，将其转化为社会物质财富，并创造出更多的精神财富，推动社会的进步与发展。

从 20 世纪 90 年代初联合国经贸组织明确提出“以知识为基础的经济”后，“知识经济”这个概念就成为一个全球性的热门话题。知识经济是通过知识的不断创造和增值来创造财富，推动经济持续发展的经济形态。知识经济与以往的工业经济相比，生产中所包含的物质越来越少，而知识成分越来越多。在以往的社会里，拥有物质财富和资源是一个国家富裕的象征。然而在知识经济时代，物质财富不再是一个国家发展中起决定性的因素，一个国家所拥有的创造和利用知识的能力才是决定经济发展的最关键的因素。正如美国未来学家托夫勒对未来预测的那样：“科学越来越发展，人们按照自己需要创造资源的能力就越来越大，到那时，唯一重要的资源就只剩信息和知识，信息和知识就成为未来的中心贸易。”由此可见信息和知识在经济发展中的重要性。但是，随着科学技术的发展，文献数量以几何级数增长，这与人们有限的阅读时间和利用能力形成矛盾，极大地妨碍了人们对文献资源的开发与利用，而学会文献检索的方法和技能，人们就能迅速、准确地查到自己所需要的信息和知识，从而充分开发和利用人类的知识宝库，使其为国家的经济发展、社会进步发挥重要作用。

（2）继承和借鉴前人成果，避免重复研究。

整个科学发展史表明，积累、继承和借鉴前人的研究成果是科学发展的重要前提。正如牛顿所说："假如我比别人看得远一点，那是因为我站在巨人的肩膀上。"因此，科研人员在开始着手研究一项课题前，必须利用科学的文献检索方法来了解这个课题是如何提出来的，前人在这方面做过什么工作、是如何做的，有何成果和经验、教训，还存在什么问题，以及其相邻学科发展为研究该项课题提供了哪些新的有利条件等信息。只有这样才能正确地制订研究方案，防止重复研究，少走弯路，使自己的研究能站在一个较高的起点上，同时也可降低获取信息和知识的成本。如果研究人员重视对有关文献的调研，充分利用文献检索手段，可以避免重复劳动，并可减少大量的资金浪费。

(3) 有利于提高自学能力，培养创新人才。

国际经济合作发展组织将知识分为四大类：一是 Know - what(知道是什么)；二是 Know - why(知道为什么)；三是 Know - how(知道怎样做)；四是 Know - who(知道谁有知识)。其中第四类知识即有关知识在谁那里的信息，其在当今社会正变得越来越重要。它不仅极大地降低了获取知识和信息的成本，而且使其有可能以更高的速度和高回报率取得巨大的经济效益。美国微软公司创始人比尔·盖茨就是重视知识和人才的典范。他在短短几年时间里创造出经济发展史上的奇迹，连续多年成为全球首富。

在知识经济社会中，劳动者不仅要有生产经营的知识和技能，而且要具有善于收集、加工、处理和应用知识、信息的能力，而后者变得日益重要。由于知识更新周期缩短，一个人在学校所受的正规教育已无法适应时代需要，因此人们需要从学校学习转化为终身学习。正如国际教育发展委员会主席埃德加·富尔说："我们再也不能刻苦地、一劳永逸地获取知识了，而需要终身学习如何去建立一个不断演进的知识体系——学会生存。"建立一个不断演进的知识体系也就是强调人们要接受终身教育，而终身教育的主要途径是自学。在大学期间，培养提高自学能力就可为今后终身教育打下基础。只有活到老，学到老，才能不断更新知识结构，才能在科学研究和各项工作中有所创新。

具备文献检索与利用的能力正是提高自学能力的重要方面，它可以帮助人们解决在学习和工作中遇到的各种疑难问题，掌握索取知识的门径，使自己在接受新教育和获取新知识的过程中更加顺利。

国家教委自 1984 年起多次正式行文，要求在高等院校开设"文献检索与利用"课程，其目的在于提高当代大学生的信息意识和检索文献信息的技能，从而促进大学生自学能力、研究能力、创新能力的不断提高。

(4) 有利于节省科研时间，提高工作效率。

国内外有关材料表明，科研人员花费在查找资料上的时间相当多，一般占本人工作时间的 1/2 左右。例如，据日本调查，日本科研人员花在查找文献上的时间占整个科研时间的40%～50%，若改用计算机检索，只需要几分钟就可以从几百万条版权法资料中找出有用资料。由此可见，如果有完善的检索系统、周到的检索服务以及科研人员自己熟练掌握检索方法和技能，能大大缩短科研人员查找文献资料的时间，这是发展科学技术的一个巨大潜力。因此，掌握科学的文献检索方法，就能提高科研工作效率，缩短科研周期，达到多出成果、早出成果的目的。国家病原微生物资源库于2020年1月24日发布了由中国疾病预防控制中心病毒预防控制所成功分离的我国第一株病毒毒种信息及其电镜照片、新型冠状病毒核酸检测引物和探针序列等国内首次发布的重要权威信息，及时开通了全球免费共享服务，为后续“新冠”病毒治疗方案设计、疫苗开发提供了重要的实验依据。这一科学信息共享实例也践行了习近平总书记提出的构建人类命运共同体的理念。

此外，掌握文献检索方法还能克服自然语言和学科语言的障碍，提高科研工作效率。例如，一般文摘杂志选登的文摘覆盖了多个语种，即使只掌握一种语言的人也可以通过阅读文摘杂志广泛了解有关领域的发展趋势，而一些报道性文摘甚至可以帮助读者不必阅读原文就能了解其主要思想、方法、观点、结论等内容。此外，通过综述、述评、百科全书、年鉴等工具书的使用，也能在一定程度上消除学科语言障碍，获得新的、跨学科的信息和研究成果。

二、文献检索在科学技术交流中的作用

从文献检索的定义可以看出，这门课程的核心是查找所需文献的方法。做任何事情都要讲究方法，方法正确才有可能顺利完成任务。法国数学家、哲学家笛卡尔说过：“最有价值的知识是关于方法的知识。”学习和研究是一种劳动，而劳动是要讲究效率的。同一个导师培养出来的学生学业水平不等，原因是什么呢？除了学生的素质和主观努力程度不同外，学习方法起着重要的作用。

文献检索这门学科是在图书馆学、目录学、文献学基础上发展起来的，是情报学的重要分支。随着科学技术的发展，这门学科在科学技术交流中发挥着越来越重要的作用，已成为人们获得科技情报的重要手段。

在一个科学研究人员着手研究某一课题之前，必须掌握这一课题是如何提出来的，前人在这方面做了些什么工作，是如何做的，还存在什么问题，以及有关学科的发展对研究这一课题提供了哪些有利条件等方面的知识。一言以蔽之，必须掌握有关的科技情报。

文献是科技情报的物质形态，即通常所说的情报载体。它是传播和存储知识的重要媒介。它是科学研究的记录，不仅记载成功的经验，也记载失败的教训。所以，系统地掌握国内外科技文献状况，对于了解科学技术发展水平和动

向、避免重复劳动和少走弯路具有重要意义。特别是在当下，科学技术发展迅速，文献急剧增加，要从浩如烟海的文献中迅速、准确地检索出自己所需要的文献，就得讲究科学的方法。学习文献检索知识，掌握文献检索与利用的基本方法，是科研人员所必须具备的技能。因为文献检索既可以检索某一主题、某一时代、某一地区、某一著者、某一文种的文献，又可以检索包含在文献中的某一数据、公式、图表，或某一事物发生的时间、地点等，所以，学会文献检索方法就能变“死”文献为“活”情报，就能用最少的时间和精力掌握前人已经取得的科研成果，使其为己所用。卢嘉锡同志在一篇文章里谈道：“据了解，国外有人统计过科学家的工作时间，大约三分之一是用来查阅文献资料，寻找需要的科技情报。我看差不多，我自己长期从事研究工作，花在查阅文献资料上的时间，有时还要超过三分之一。”普及文献检索知识，开展这方面的教育，就是为了缩短这个“三分之一”，提高科研工作的效率。相对来说，这也就等于延长了科研人员的科研寿命，对整个国家来说，也就等于增加了科研人员。

综上所述，文献检索是开启人类知识宝库的钥匙，是科研人员获取科技情报的重要手段，是科研工作的先期劳动。它在科学技术交流中起着重要作用。第一，它可以加速情报交流的速度，有利于开发智力资源，使人类的知识得以及时传递和充分利用。第二，它可以提高科研效益，避免重复劳动。第三，它可以节省情报调研时间，缩短科研进程。

从全球文献数据看中国的发展

CNS(Cell、Nature、Science)作为举世公认的三大顶级科学期刊，能从侧面反映出一个国家科研实力的发展变化。近年来，越来越多的中国高校学者在国际科研舞台上崭露头角，国际科学顶级期刊接连刊登中国的研究成果，这是中国科研实力上升的体现。2023 年，内地高校作为第一作者或通讯作者(含共同通讯作者单位)在 CNS 期刊总计刊出原创论文 276 篇，其中，Nature 论文 138 篇、Science 论文 84 篇、Cell 论文 54 篇。

中国论文的影响力在国际上不断攀升，各学科中影响因子最高的期刊则被认为是世界上最具影响力的期刊。2022 年，在 178 个学科中共有 159 种最具影响力的期刊。近两年间发表的论文在近两个月得到大量引用，且被引用次数进入本学科前 1%的论文称为热点论文。截至 2023 年 7 月，中国热点论文数为 1929 篇，占世界总量的 45.9%，较 2022 年增长 6.7%，超越美国排名世界第一。各学科论文在 2013—2023 年被引用次数处于世界前 1%的论文称为高被引论文。中国高被引论文数为 5.79 万篇，排名世界第二，占世界总量的 30.8%。按第一作者第一单位统计，中国发表高水平国际期刊论文 9.36 万篇，被引用次数 64.96 万次，占世界总量的 26.9%，论文发表数量和被引用次数均位列世界第一。值得关注的是，按国际论文被引用次数统计，排名第一的学科主要分布在工程技术、农业科学、化学、计算机科学、材料科学和数学 6 个学科，较上年新增了数学这个学科。

第二章

常用中文数据库的使用

我们有本事做好中国的事情，还没有本事讲好中国的故事？我们应该有这个信心！

——习近平总书记在中央外事工作会议上的重要讲话

第一节　常用的中文数据库

常用的中文数据库有以下几种。

一、中国知识资源总库(CNKI 中国知网)

目前 CNKI 已建成中国期刊全文数据库、优秀博硕士学位论文数据库、中国重要报纸全文数据库、重要会议论文全文数据库、科学文献计量评价数据库系列，收录了 1915 年至今的 8700 余种核心期刊与专业特色期刊的全文，积累全文文献 5690 余万篇。

二、中文科技期刊数据库/维普数据库

中文科技期刊数据库/维普数据库由科技部西南信息中心直属的重庆维普资讯公司开发，收录自 1989 年以来 15 000 余种中文期刊的 7000 余万篇文献，并以每年 300 万篇的速度递增。维普数据库按照中国图书馆图书分类法(中国法)进行分类，所有文献被分为 5 个专辑，即自然科学、工程技术、医药卫生、

农林渔牧、人文社科，5 个专辑又进一步细分为 47 个专题。

三、万方数据知识服务平台

万方数据知识服务平台包含期刊、学位论文、会议论文等多种全文资源。其中期刊论文收录自 1998 年以来国内出版的各类期刊 7000 余种，截至 2023 年，核心期刊 2800 余种，论文总数量近 2000 万篇，每年增加 200 多万篇，每周更新两次。学位论文收录自 1980 年以来我国自然科学领域各高等院校、研究生院以及研究所的硕士、博士、博士后论文 200 余万篇。会议论文收录了自 1985 年至今世界主要学会和协会主办的会议的论文，每年涉及近 3000 个重要的学术的会议，总计近 200 万篇，每年增加约 20 万篇，每月更新。外文文献包括外文期刊论文和外文会议论文。

四、其他数据库

除了以上三种常用的数据库外，以下几个数据库的使用率也很高。

1. 中国科学引文数据库

中国科学引文数据库（Chinese Science Citation Database，CSCD）创建于 1989 年，收录我国数学、物理、化学、天文学、生物学、农林科学、医药卫生、工程技术、环境科学和管理科学等领域出版的中英文科技核心期刊和优秀期刊千余种，目前已积累论文记录 6 377 425 条，引文记录 106 349 561 条。

中国科学引文数据库内容丰富、结构科学、数据准确。系统除具备一般的检索功能外，还提供新型的索引关系——引文索引功能。使用该功能，用户可迅速从数百万条引文中查询到某篇科技文献被引用的详细情况，还可以从一篇早期的重要文献或著者姓名入手，检索到一批近期发表的相关文献，对交叉学科和新学科的发展研究具有十分重要的参考价值。中国科学引文数据库还提供了数据链接机制，支持用户获取全文。

2. 中国人民大学书报资料中心

中国人民大学书报资料中心成立于 1958 年，是中华人民共和国成立后最早从事人文社会科学学术研究文献搜集、整理、评价、编辑的学术信息资料出版机构和服务机构。60 多年来，中心始终遵循“学术为本，为教学科研服务”的宗旨，精选千家报刊，荟萃中华学术，被誉为“中华学术的窗口”“中外文化交流的桥梁”。中国人民大学书报资料中心的核心业务是学术期刊和专业期刊出版，现正式出版发行 148 种期刊，包括复印报刊资料、人文社科文摘、报刊资料索引和原发期刊四大系列。因严格遵循学术成果评价标准，该中心的系列期刊已成为中国人文社科领域影响巨大的学术品牌。

3. 读秀学术搜索

读秀学术搜索是由海量数据及资料基本信息组成的超大型数据库，为用户提供深入图书章节和内容的服务，部分文献的少量原文试读，高效查找、获取各种类型学术文献资料的一站式检索，以及周到的参考咨询服务，是一个真正意义上的学术搜索引擎及文献资料服务平台。

4. 超星发现

超星发现以近 10 亿海量元数据为基础，利用数据仓储、资源整合、知识挖掘、数据分析、文献计量学模型等相关技术，较好地解决了复杂异构数据库群的集成整合，完成了高效、精准、统一的学术资源搜索，进而通过分面聚类、引文分析、知识关联分析等实现了高价值学术文献发现、纵横结合的深度知识挖掘、可视化的全方位知识关联。

第二节　中国知识资源总库（CNKI）的使用

一、进入主页

通过搜索引擎搜索中国知网，点击【中国知网】或直接输入网址 https://www.cnki.net，进入中国知网主页，如图 2－1 所示。

图 2－1　中国知网（CNKI）主页

二、文献检索

1. 检索步骤

从中国知网检索论文有以下几个步骤。

(1) 登录 CNKI 主页。

(2) 选择一种文献类型。

学术期刊：即期刊论文。

博硕：即博硕士学位论文。

会议：即会议论文。

(3) 选择一种检索途径(字段)。

检索途径又称检索字段，是检索的入口，包括题名、关键词、摘要、全文、作者、参考文献等，具体含义如表 2-1 所示。

表 2-1 检索字段释义

检索字段	字 段 含 义	检 索 示 例
题名	文章名称	题名=顾客价值
关键词	能反映文章内容的词汇	关键词=价值创造
摘要	文章的简要介绍	摘要=策略
全文	全部文章内容	全文=进展
作者	文章撰写人(责任人)	作者=张言彩
第一作者	文章最主要责任人	第一作者=孟桃
单位	作者单位	单位=淮阴师范学院
来源	文章原刊登报纸或期刊	来源=经济学
参考文献	文章所引用的参考文献	参考文献=消费者满意
主题	反映文章内容的规范词汇	主题=满意
基金	支持文章撰写的基金会机构	基金=国家青年自然科学基金

(4) 进行高级检索。

高级检索可控制多个检索条件，从而使结果更符合期望，如图 2-2 所示。高级检索的检索结果更精确。

高级检索中需要用到布尔逻辑运算符，它们可用于组配检索词，从而扩大或缩小检索范围，具体用法如表 2-2 所示。

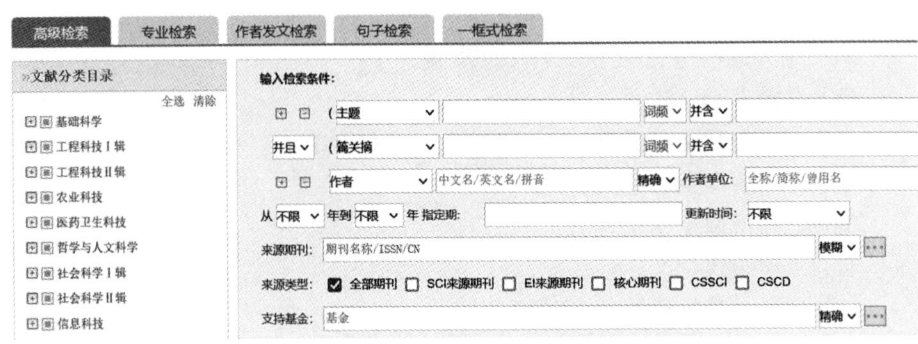

图 2-2 高级检索界面

表 2-2 高级检索中的布尔逻辑运算符

运算符号	作 用
AND、and、*、与、并且	检索出的记录包括用 and 分开的所有词。例如，查找“顾客价值影响顾客满意”的检索式为 customer value(顾客价值) and customer satisfaction(顾客满意)
OR、or、+、或、或者	检索出的记录包括用 or 分开的任意一个词。例如，查找“品牌价值”的检索式为 brand(品牌)or value(价值)
NOT、not、-、非、不包含	缩小检索，检索出的记录不包括 not 后的词。例如，查找“消费者行为影响(不要企业的)”的文献的检索式为 consumer behavior effect(消费者行为影响) not enterprise(企业)
注释	包含多个检索词的检索式需要用括号限定检索顺序，最内部的括号先被检索。例如，(consumer AND brand *) NOT enterprise，可先查找包含 consumer 和 brand 的记录，然后排除包含单词 enterprise 的记录

(5) 在输入框中键入关键词(检索词)。

2. 检索实例

(1) 以“知识中心”为关键词在期刊中进行高级检索，如图 2-3 所示。

(2) 数据库提供若干种检索结果分组和排序，具体如图 2-4 所示。

数据库提供以下七种分组模式。

① 按学科类别分组：可以查看检索结果所属的更细的学科专业，进一步筛选，找到所关注的文献。

文献 期刊 博硕士 会议 报纸 图书 年鉴 工具书 专利 标准 成果 更多>>

新型出版模式介

作者发文检索 句子检索 一框式检索

输入检索条件:

（主题 知识中心 词频 并含 词频 精确）

并且 （篇关摘 词频 并含 词频 精确）

作者 中文名/英文名/拼音 精确 作者单位: 全称/简称/曾用名 模糊

从 不限 年到 不限 年 指定期: 更新时间: 不限

来源期刊: 期刊名称/ISSN/CN 模糊

来源类型: 全部期刊 SCI来源期刊 EI来源期刊 核心期刊 CSSCI CSCD

支持基金: 基金 精确

包含资讯 网络首发 增强出版 数据论文 中英文扩展 同义词扩展

检索

图 2-3 以“知识中心”为例的高级检索页面

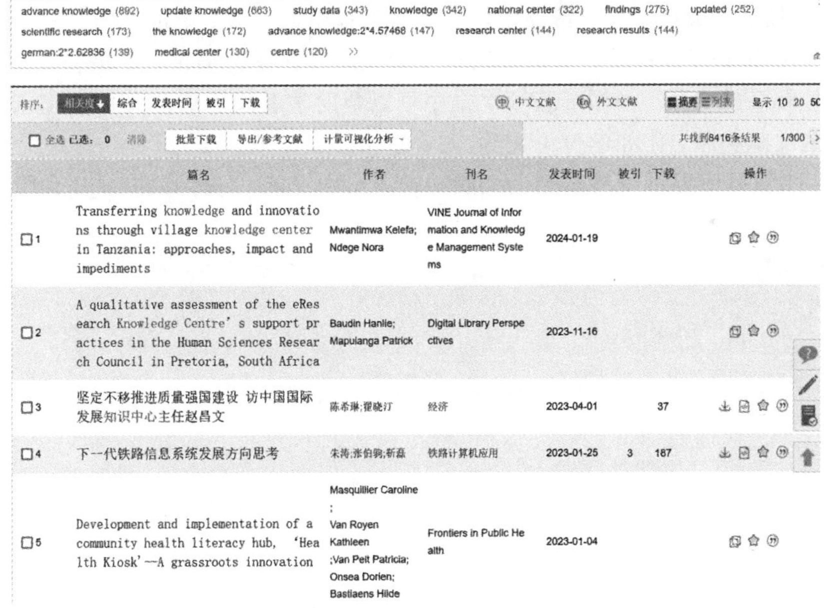

advance knowledge (892) update knowledge (663) study data (343) knowledge (342) national center (322) findings (275) updated (252) scientific research (173) the knowledge (172) advance knowledge:2*4.57468 (147) research center (144) research results (144) german:2*2.62836 (139) medical center (130) centre (120) >>

排序: 相关度 综合 发表时间 被引 下载 中文文献 外文文献 摘要 列表 显示 10 20 50

全选 已选: 0 清除 批量下载 导出/参考文献 计量可视化分析 共找到8416条结果 1/300

	篇名	作者	刊名	发表时间	被引	下载	操作
1	Transferring knowledge and innovations through village knowledge center in Tanzania: approaches, impact and impediments	Mwantimwa Kelefa; Ndege Nora	VINE Journal of Information and Knowledge Management Systems	2024-01-19			
2	A qualitative assessment of the eResearch Knowledge Centre' s support practices in the Human Sciences Research Council in Pretoria, South Africa	Baudin Hanlie; Mapulanga Patrick	Digital Library Perspectives	2023-11-16			
3	坚定不移推进质量强国建设 访中国国际发展知识中心主任赵昌文	陈希琳;翟晓汀	经济	2023-04-01		37	
4	下一代铁路信息系统发展方向思考	朱涛;张伯驹;靳磊	铁路计算机应用	2023-01-25	3	187	
5	Development and implementation of a community health literacy hub, 'Health Kiosk'—A grassroots innovation	Masquillier Caroline; Van Royen Kathleen; Van Pelt Patricia; Onsea Dorien; Bastiaens Hilde	Frontiers in Public Health	2023-01-04			

图 2-4 “知识中心”检索结果的分组与排序

② 按文献作者分组：可以帮助研究者找到学术专家、学术榜样；帮助研究人员跟踪自己已知学者的发文情况，发现未知的有潜力学者。

③ 按机构分组：帮助学者寻找有价值的研究单位，全面了解该研究单位的研究成果在全国的全局分布；跟踪重要研究机构的成果，这也是选择文献的重要手段。

④ 按基金分组：可以了解国家对这一领域的科研投入情况；研究人员可以

对口申请课题；国家科研管理人员也可以对某个基金支持科研的效果进行定量分析、评价和跟踪。

⑤ 按文献发文年度分组：帮助学者了解某一主题每一年度发文的数量，掌握该主题研究成果随时间的变化趋势，进一步分析出所查课题的未来研究热度走向。

⑥ 按期刊分组：可以方便地选到好文献，选自己对口的文献；可以从总体上判断这一领域期刊的质量。

⑦ 按关键词分组：可以帮助学习者获得领域的全局知识结构；揭示知识的背景，方便学习和研究；使得文献选择更精细，更准确。

数据库提供以下四种排序方式。

① 主题排序：反映了结果文献与用户输入的检索词的相关程度，越相关排序越靠前，通过相关度排序可找到文献内容与用户检索词最相关的文献。

② 根据文献发表的时间先后排序：可以帮助学者评价文献的新旧，找到最新文献，找到库中最早出版的文献，实现学术跟踪，进行文献的系统调研。

③ 按被引频次排序：帮助学者快速找到被引数量多、质量高的文章。

④ 按下载频次排序：下载频次最多的文献往往是传播最广、最受欢迎、文献价值较高的文献。根据下载频次排序可以帮助学者找到那些高质量但未被注意到的文献类型，比如学位论文等。

（3）数据库提供将检索到的文献筛选导出的功能，具体如图 2－5 和图 2－6 所示。

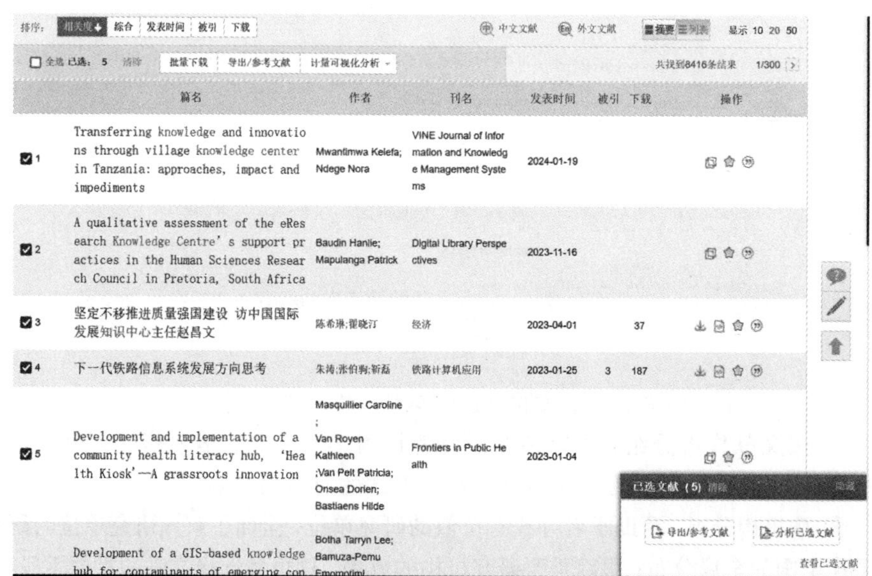

图 2－5 “知识中心”检索结果的筛选

图 2-6 “知识中心”文献的题录导出

(4) 文献分析。

数据库还提供对检索到的文献与其他相关文献的关联度的分析功能，具体如图 2-7 所示。

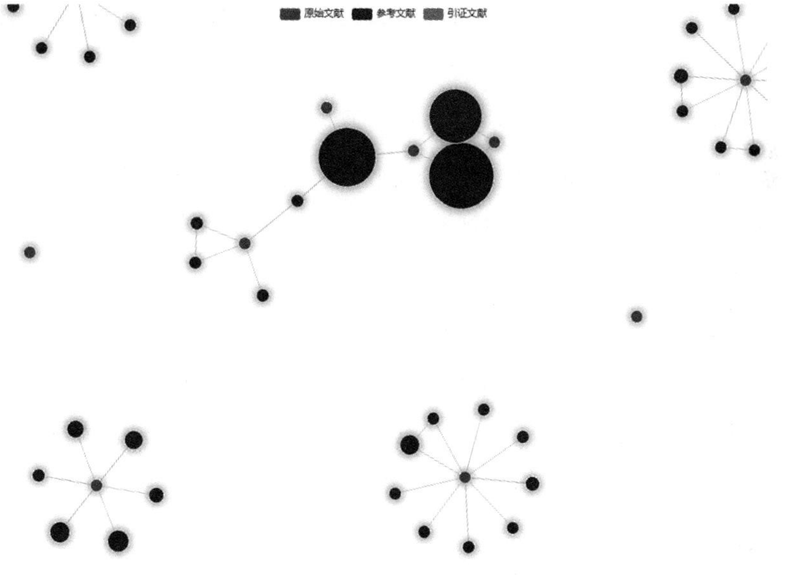

图 2-7 文献的关联度分析

第三节　万方数据资源系统的使用

一、数据库简介

万方数据资源系统是一个大型科技、商务信息平台，内容涉及自然科学和社会科学各个专业领域，包括学术期刊、学位论文、会议论文、专利技术、中外标准、科技成果、政策法规、新方志、机构、科技专家等子库。

1. 学术期刊

期刊论文是万方数据知识服务平台的重要组成部分，集纳了多种科技及人文、社会科学期刊的全文内容，其中绝大部分是进入科技部科技论文统计源的核心期刊。其内容包括论文标题、论文作者、来源刊名、论文的年卷期、中图分类法的分类号、关键字、所属基金项目、数据库名、摘要等信息，并提供全文下载。

2. 学位论文

学位论文收录了国家法定学位论文收藏机构——中国科技信息研究所提供的自 1980 年以来我国自然科学领域各高等院校、研究生院及研究所的硕士、博士及博士后论文。

3. 会议论文

会议论文收录由中国科技信息研究所提供的国家级学会、协会、研究会组织召开的各种学术会议论文。每年涉及 3000 余个重要的学术会议，内容涵盖自然科学、工程技术、农林、医学等多个领域。

二、文献检索

进入万方会议论文数据库首页，如图 2－8 所示，可以点击【期刊】【学位】【会议】等选择不同的数据库（系统默认是会议论文数据库），或者直接进行检索。

图 2－8 万方会议论文数据库首页

1. 直接检索

在检索输入框中直接输入检索词，如输入“品牌价值”，如图 2－9 所示。

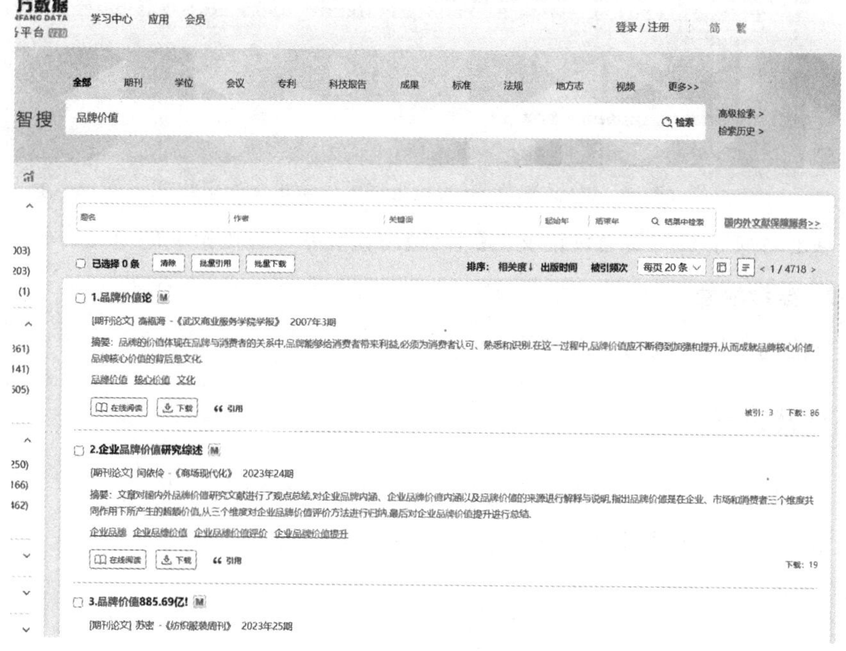

图 2－9 简单的直接检索

点击【学位】按钮，系统会在全部学位论文中检索，并显示检索结果列表，如图 2－10 所示。

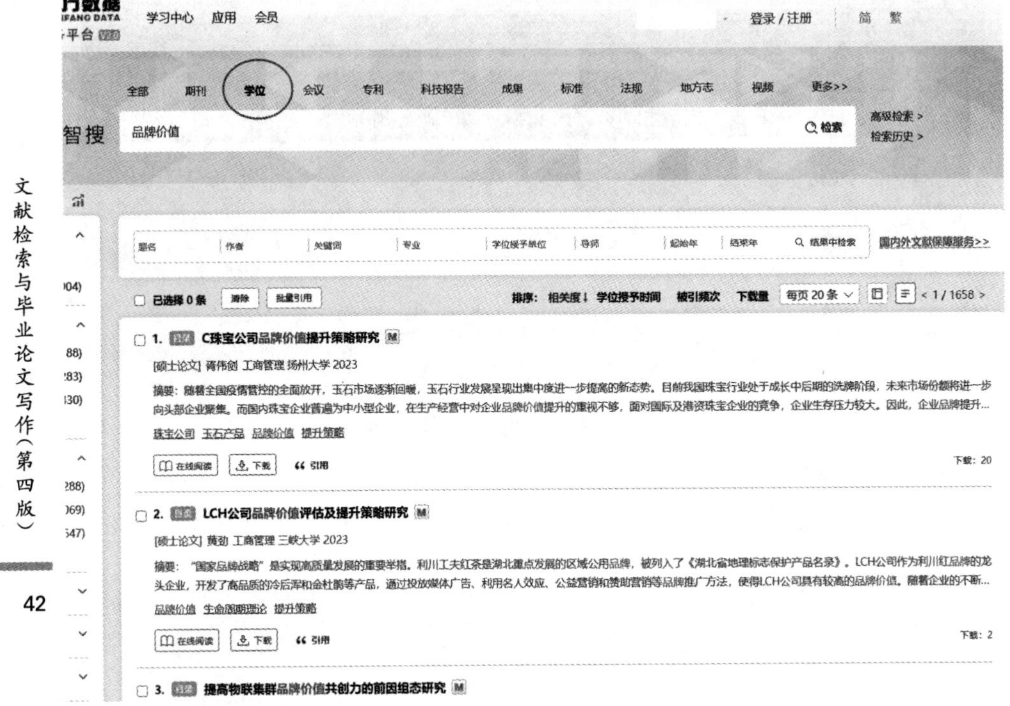

图 2－10　以“品牌价值”为检索词的学位论文检索结果

点击对应于某一篇会议论文的【下载】按钮，可下载该论文的全文。

2. 高级检索

方法同中国知网的检索步骤。

三、文献导出

下面以用“品牌价值”检索出的期刊论文为例进行文献导出。

用户可以对文献进行选择，也可以根据需求选择导出文献的格式，如图 2－11 所示。

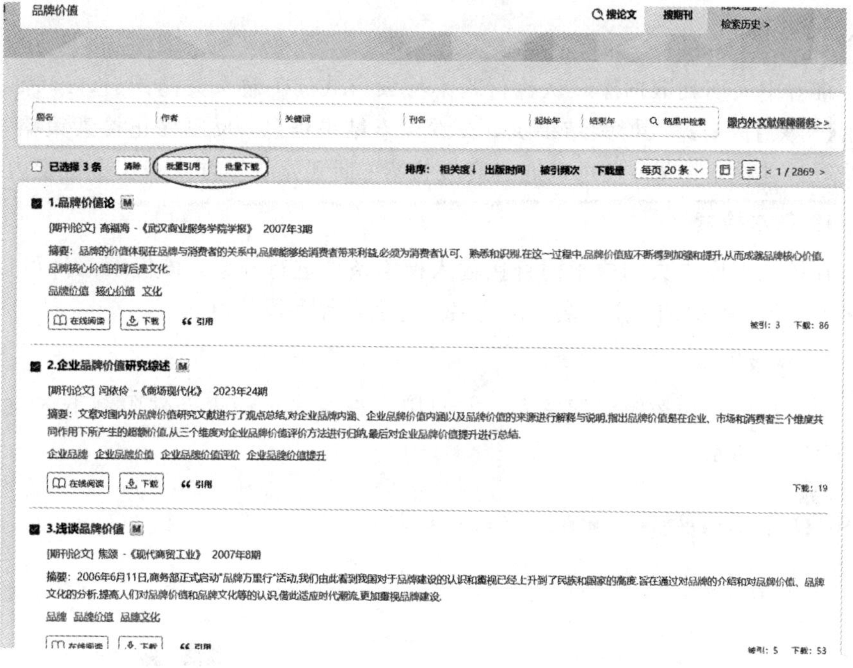

图 2 - 11 "品牌价值"检索结果的筛选

第四节 维普中文科技期刊数据库的使用

一、进入主页

点击网址 http：//qikan. cqvip. com/，进入维普中文科技期刊数据库主页，如图 2 - 12 所示。

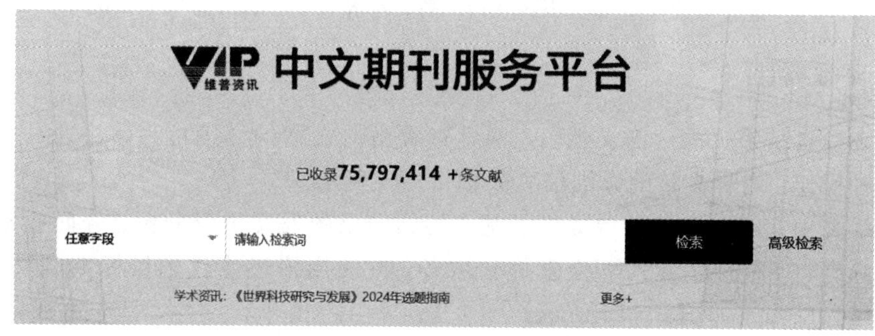

图 2 - 12 维普中文期刊数据库主页

二、文献检索

维普中文期刊数据库默认执行基本检索方式。在输入关键词后，读者可以点击【检索】按钮进入检索结果页，查看检索结果信息，反复修正检索策略，从而获取最佳检索结果；还可以通过高级检索、期刊导航等方式来获得检索内容。

1. 基本检索

在该数据库主页的检索框直接输入检索条件进行检索，该检索条件可以是题名、刊名、关键词、作者名、机构名、基金名等字段信息。

2. 高级检索

高级检索运用逻辑组配关系，方便用户查找多个检索条件限制下的文献，如图 2－13 所示。

图 2－13　高级检索

三、文献导出

在检索结果页面点击文献名，即可查看当前文献的详细信息，并进一步实现多种操作，查看文献的详细信息如图 2－14 所示。

维普中文期刊服务平台提供了基于检索结果的发文被引分析、分面检索与聚类筛选、多种排序方式等检索优化服务，方便用户快速找到目标期刊文献。检索结果的筛选如图 2－15 所示。

期刊文献+ 任意字段 请输入检索词 检索

临海蜜桔品牌管理思考

认领

在线阅读 下载PDF

摘　要：打造优质特色农产品区域公用品牌将成为提高我国农产品竞争力的重要举措和迫切需求。本文结合临海蜜桔产业发展和品牌构建基本情况,针对其产业瓶颈和品牌管理面临的问题,从利益相关者多方协作角度,为临海蜜桔品牌可持续发展提供对策建议...展开更多

作　者：盖博

机构地区：浙江经贸职业技术学院

出　处：《合作经济与科技》 · 2024年第8期80-81,共2页
Co-Operative Economy & Science

基　金：浙江省2022年度全省供销社课题研究重点项目："农产品区域公用品牌的运营与管理机制研究——以临海蜜桔品牌为例"（项目编号:22SSZ12),项目主持人:盖博。

关 键 词：临海蜜桔 产业发展 品牌管理

分 类 号：F326.13 [经济管理—产业经济]；

相关文献

[1] 卢凡,罗玲霞,叶海鑫,王一博,叶美玲. 乡村振兴背景下农村电商助推特色农产品销售路径研究——以浙江台州临海蜜桔为例[J]. 中国商论,2022(7):155-157. 被引量：7

图 2-14　查看文献的详细信息

共找到7,609篇文章
每页显示 20 50 100 < 1 2 ... 250 >
已选3条
批量处理
引用分析
统计分析
相关度
被引量
时效性
显示方式：
文摘
详细
列表
临海蜜桔品牌管理思考
作者：盖博 · 《合作经济与科技》 · 2024年第8期80-81,共2页
打造优质特色农产品区域公用品牌将成为提高我国农产品竞争力的重要举措和迫切需求。本文结合临海蜜桔产业发展和品牌构建基本情况,针对其产业瓶颈和品牌管理面临的问题,从利益相关者多方协作角度,为临海蜜桔品牌可持续发展提供对策建议。
关键词：临海蜜桔 产业发展 品牌管理
在线阅读
下载PDF
产教融合背景下高等职业教育课程思政改革探讨——以"品牌管理"课程为例
被引量：1
作者：杜红艳，梁婧，张颖 · 《职业技术》 · 2023年第3期102-108,共7页
产教融合背景下,高等职业教育课程思政改革要从课程内容重构、思政元素挖掘、创新课程思政教学模式和教学方法、持续改进课程思政教学评价体系等策略着手,在理实一体化基础上强化实践育人,让学生在课程思政育人实践中实现自我建构、自... 展开更多
关键词：产教融合 课程思政 品牌管理 改革 ETCCPP能力循环训练模式
在线阅读
下载PDF

图 2-15　检索结果的筛选

2022 年 4 月 8 日，一则“中科院因近千万的续订费用不堪重负，停用中国知网数据库”的消息引发热议。2022 年 5 月 13 日，国家市场监管总局发布消息，依法对知网涉嫌实施垄断行为立案调查。从学术资源的全面性、用户忠诚度、市场占有率看，万方和维普都远不如知网，学术数据库市场呈现出知网一家独大的局面。但随之而来的是高额订购费连年上涨、终端合作矛盾不断、超低价格获取数据资源、高额盈利内部人控制、论文查重形成灰色产业链等问题不断浮出水面。针对学术数据市场经营乱象及其可能带来的严重社会危害，有必要从强化学术数据库的公益属性、加强常态化价格监管、建立市场竞争机制、推动科研机构联合共享资源、纳入政府采购管理等方面重点发力。

资料来源　刘吉超. 学术文献数据库市场问题及政策建议：以中国知网为例[J]. 知识经济，2023，629(1)：24－26.

第三章

常用英文数据库的使用

思政寄语

文之思也，其神远矣。故寂然凝虑，思接千载；悄焉动容，视通万里。

——〔南朝〕刘勰《文心雕龙》

第一节　ISI Web of Science 的使用

一、ISI Web of Science 简介

ISI Web of Science 是 Thomson ISI 建设的三大引文数据库的 Web 版，由三个独立的数据库组成(既可以分库检索，也可以多库联合检索），分别是 Science Citation Index Expanded（简称 SCIE)、Social Sciences Citation Index (简称 SSCI)和 Arts & Humanities Citation Index(简称 A&HCI)，内容涵盖自然科学、工程技术、社会科学、艺术与人文等诸多领域内的 13 000 多种学术期刊。其中的 SCIE 数据库科学引文索引收录了 8000 余种期刊文摘和引文，内容涉及自然科学、工程技术的各个领域。数据每周更新。

ISI Web of Science 可以让科研人员自由选择多种检索途径，发现所有相关数据分析信息，把握整体趋势和模式；通过一次互补资源的跨库检索，对现有研究形成全面而广泛的了解。

该数据库具有以下特点：

(1) 通过引文检索功能可查找相关研究课题在各个时期的文献题录和摘要。

(2) 可以看到论文引用参考文献的记录、论文被引用情况及相关文献记录。

(3) 可选择检索文献出版的时间范围，对文献的语种、文献类型做限定检索。

(4) 检索结果可按照相关性、作者、日期、期刊名称等项目排序。

(5) 可保存、打印 E-mail 检索式和检索结果。

(6) 全新的 WWW 超文本链接功能，可将用户链接到 ISI 的其他数据库。

(7) 部分记录可以直接链接到电子版原文。

(8) 具有链接到用户单位图书馆 OPAC 记录的功能，方便用户获取本馆馆藏。

三个数据库包括的检索字段不尽相同，但都包括作者、题名、文献出处、引文等信息，除此以外，SCIE 还包括著者详细信息。

Web of Science 不仅收录核心期刊中的学术论文，而且 ISI 把其认为有意义的其他文章类型也收录进数据库，包括期刊中发表的信件、更正、补正、编者按和评论、会议文摘等 17 种类型。其他文献数据库一般不收录这些类型的文献。Web of Science 的数据每周都会更新。

二、使用方法

Web of Science 提供了较完善的检索功能，主要有简易检索(Easy Search)、基本检索(General Search)、引文检索(Cited Reference Search)和高级检索(Advanced Search)四种检索方式。Easy Search 的界面比较简单，只提供了作者、主题、作者地址三个检索途径。全面检索又分为两种检索方式，即 General Search 与 Cited Reference Search。General Search 主要通过主题、作者、作者地址以及来源期刊题名进行组合检索。Cited Reference Search 提供了被引作者、被引文献、被引时间多种引文检索途径。Advanced Search 可以提供更加复杂的检索策略。

对于任何一个检索结果，Web of Science 都提供了三个重要的引文链接，即 Times Cited、Cited References 和 Related Records。通过这三个重要的链接，Web of Science 将整个记录组织成为一个网状结构，用户利用这些链接可以轻松地完成各种查询。

三、全文的获取

Web of Science 提供了多种获取全文的途径。

(1) 全文链接。目前，Web of Science 可以与全球 18 家出版社的 4000 多种期刊建立全文链接。

(2) 文献传递服务。通过 ISI Document Solution 可以直接在网上订购全文。

(3) 馆藏链接。目前，Web of Science 已经实现了与中国用户所使用的 INSPEC、HORIZON、SIRSI、南京汇文等多种 OPAC 系统的链接。授权用户只需点击 Web of Science、Current Contents Connect 等数据库中文献记录中的【Holdings】按钮，即可链接到该机构的 OPAC 系统中，找到该篇文献所在期刊的馆藏记录。

（4）作者电子邮箱地址。Current Contents Connect 提供作者电子邮箱地址，用户只需点击该地址，即可发送电子邮件向作者索取全文。

（5）互联网免费全文。通过严格筛选和评估，ISI 将大量的学术性文献按照 Funding、Pre-Print、Research Activities 分类并提供给读者。目前，ISI 的 Web of Science 中已经提供了近 47 万篇全文。

第二节 Elsevier ScienceDirect 的使用

一、Elsevier ScienceDirect 简介

Elsevier ScienceDirect 是全球最著名的科技医学全文数据库之一，其直观友好的使用界面，使研究人员可以迅速链接到 Elsevier 出版社丰富的电子资源。它包括期刊全文、单行本电子书、参考工具书、手册以及图书系列等，其首页如图 3－1 所示。

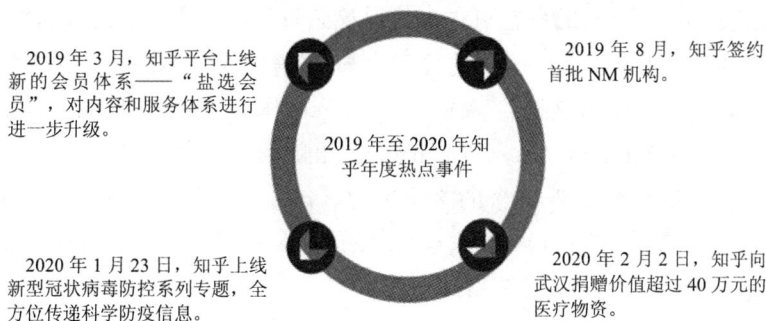

2019 年 3 月，知乎平台上线新的会员体系——“盐选会员”，对内容和服务体系进行进一步升级。
2019 年 8 月，知乎签约首批 NM 机构。
2019 年至 2020 年知乎年度热点事件
2020 年 1 月 23 日，知乎上线新型冠状病毒防控系列专题，全方位传递科学防疫信息。
2020 年 2 月 2 日，知乎向武汉捐赠价值超过 40 万元的医疗物资。

图 3－1 ScienceDirect 的首页

该数据库每月有 1000 万用户支持 10 种国际协议和标准，如 CrossRef 和 COUNTER。有 150 人参与 ScienceDirect 的创新开发，超过 100 万的研究人员同时访问 ScienceDirect。ScienceDirect 的内容每年平均增加 15%，每年出版超过 35 万篇文章，1462 个出版商和机构参与了 CrossRef，Elsevier 是主要倡导者。ScienceDirect 不间断提供服务的时间比率超过 99.6%，2000 人参与回溯文

档的查找和扫描，Elsevier在回溯文档项目上的投资超过4000万美元，最早可以回溯到1823年。该数据库的所有用户都可以在线获取如音频、视频在内的多媒体资源，25位专家随时提供在线技术支持，文章被编辑部接受后15天即作为待刊文章出现在ScienceDirect。

二、Elsevier ScienceDirect的检索与保存

1. 检索方法

在Elsevier ScienceDirect中，用户可以通过浏览、简单检索、扩展检索等多种方法进行检索。

1）浏览

点击首页导航栏的【Browse】按钮，可以看到数据库中的所有期刊列表，也包括该馆没有订购的期刊或图书系列。在页面浏览框选择"Journals/Books Alphabetically"，并只在"Full-text available"和"Journals and Book Series"前打钩，然后点击"Apply"，系统就会列出该馆所订购的期刊并按照字母排序。点击期刊名称可以进入该期刊的内容页面。如果是该馆所订购的内容，每一卷（或期）前面的小图标都是绿色的。点击卷、期或者文章下面相应的链接，就可以看到文章的全文内容。

2）简单检索（Simple Search）

点击【Simple Search】按钮可进入简单检索页面。在检索式输入框输入检索式，然后根据已知条件选择相应的检索字段［检索字段包括Any Field（全文）、Title（篇名）、Abstract（文摘）、Author's Name（作者姓名）、ISSN（国际连续出版物号码）、PII（Published Item Identifier，出版物识别码）、Author Keywords（作者挑选出来作为重要概念的文字）、Journal Title（期刊名称）］，再点击【Submit Query】按钮进行检索，或点击【Reset Search】按钮重新编辑检索式。

3）扩展检索（Expanded Search）

点击【Expanded Search】（扩展检索）或从简单检索页面点击【Advanced Search】（高级检索）进入高级检索主页面。

高级检索设置了两个检索式输入框，两者之间可以通过逻辑运算符进行组配。此外，还增加了数据库列表，用户可以通过选择数据库限定检索范围；通过Article Type、Language、Limit dates、Documents per page和Sort documents by等项目的下拉列表，用户还可以限定文章类型、语种、出版时间、每屏显示记录数量和检索结果的排序方式，使检索操作更为精确。

4）专家检索(Expert Search)

从简单检索页面点击【Expert Search】按钮（专家检索）进入专家检索主页面。专家检索页面的检索式输入框空间更大，支持较为复杂的布尔逻辑算式。其他限制项与高级检索页面相同。

5）检索式的构成

(1) 支持布尔逻辑运算符 AND(与)、OR(或)、NOT(非)，系统默认各检索词之间的逻辑运算符为“AND”。

(2) 截词符：*，表示检索与输入词起始部分相一致的词。

(3) 位置算符：“”，用“”标注的检索式表示完全匹配的检索；ADJ，类似词组检索，表示两词前后顺序固定；NEAR，或 NEAR(n)，表示两词间可插入少于或等于 n 个单词，且前后顺序任意，系统默认值为 10。

(4) 作者姓名的输入方法为“姓 名”，如 Smith m。

(5) 论文类型（Article type）的限定中，“Article”表示的是只显示论文，“Contents”表示只显示期刊题名，“Miscellaneous”表示只显示其他题材的论文。

2. 打印和保存方法

对需要保存的期刊或论文的题录，选中其题名前的复选框，而后单击【Save Checked】按钮，即可生成一个新的题录列表。从浏览器的“文件”菜单选择“另存为”命令，可按“. txt”格式或“. html”格式保存题录。

网上浏览或保存论文全文(PDF 格式)需使用 Adobe Acrobat Reader 软件，用户要事先安装。存盘的文件也需用 Acrobat Reader 软件阅读。单击 Acrobat Reader 命令菜单上的打印机图标，可直接打印该文章。

第三节 SpringerLink 的使用

一、SpringerLink 简介

Springer 电子期刊数据库是德国施普林格（Springer-Verlag）世界著名科技出版集团的产品，通过 SpringerLink 系统提供学术期刊及电子图书的在线服务。SpringerLink 电子期刊包含 3850 种期刊、322 310 本专业书籍、37 894 本会议集、7319 本书集。“自然科学引文索引”“社会科学引文索引”“艺术与人文引文索引”中使用最多的 30 种语言分布分别见表 3－1 至表 3－3。

表 3-1 "自然科学引文索引"中使用最多的 30 种语言分布

排序	语言	总数/篇	排序	语言	总数/篇
1	英语	13 080 852	16	克罗地亚语	1488
2	德语	84 217	17	冰岛语	564
3	西班牙语	43 591	18	马来语	241
4	中文	36 979	19	塞尔维亚语	203
5	法语	35 964	20	乌克兰语	126
6	葡萄牙语	18 806	21	斯洛伐克语	100
7	波兰语	8430	22	斯洛文尼亚语	96
8	日语	8314	23	加泰罗尼亚语	33
9	俄语	5568	24	拉丁语	25
10	土耳其语	3277	25	加利西亚语	19
11	匈牙利语	2916	26	希腊语	17
12	捷克语	2703	27	格鲁克亚语	12
13	朝鲜语	2331	28	芬兰语	9
14	意大利语	2183	29	阿拉伯语	8
15	荷兰语	1614	30	瑞典语	5

表 3-2 "社会科学引文索引"中使用最多的 30 种语言分布

排序	语言	总数/篇	排序	语言	总数/篇
1	英语	2 828 085	16	瑞典语	676
2	德语	32 146	17	非洲诸语言	522
3	西班牙语	31 994	18	匈牙利语	448
4	法语	14 464	19	波兰语	327
5	葡萄牙语	11 827	20	日语	321
6	俄语	5761	21	立陶宛语	239
7	捷克语	2778	22	中文	190
8	意大利语	2585	23	乌克兰语	72
9	土耳其语	2311	24	加泰罗尼亚语	62
10	斯洛文尼亚语	1274	25	爱沙尼亚语	27
11	荷兰语	1180	26	丹麦语	26
12	克罗地亚语	978	27	拉丁语	12
13	挪威语	974	28	芬兰语	5
14	斯洛伐克语	771	29	阿拉伯语	3
15	韩国语	723	30	加利西亚语	2

表 3－3 “艺术与人文引文索引”中使用最多的 30 种语言分布

排序	语言	总数/篇	排序	语言	总数/篇
1	英语	889 601	16	立陶宛语	1314
2	法语	96 508	17	斯洛文尼亚语	1058
3	德语	70 540	18	爱沙尼亚语	820
4	西班牙语	42 852	19	挪威语	572
5	意大利语	34 332	20	加泰罗尼亚语	389
6	俄语	14 633	21	非洲诸语言	228
7	葡萄牙语	6084	22	韩国语	176
8	捷克语	4314	23	丹麦语	130
9	荷兰语	4133	24	拉丁语	129
10	中文	3129	25	日语	99
11	克罗地亚语	2617	26	冰岛语	54
12	波兰语	2474	27	塞尔维亚语	53
13	斯洛伐克语	2262	28	匈牙利语	30
14	土耳其语	1701	29	威尔士语	27
15	瑞典语	1592	30	芬兰语	26

资料来源　饶高琦，夏恩赏，李琪．近 10 年国际学术论文中的语言选择和中文使用情况分析研究[J]．语言文字应用，2020(2)：37－51.

二、SpringerLink 的检索与保存

SpringerLink 的检索页面如图 3－2 所示。

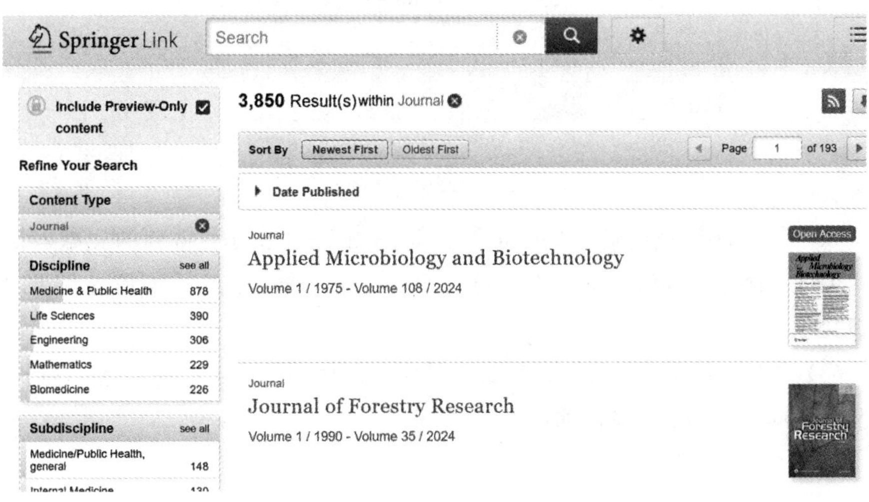

图 3－2　SpringerLink 检索页面

1. SpringerLink 的检索

SpringerLink 提供两种检索，即 Search 和 Browse。Search 具有检索功能（可输入检索词）；Browse 仅具有浏览功能，不能输入检索词检索，只能浏览查找。

Search 又有两种检索方式，即 Article 和 Publication。Article(文章检索)是直接输入检索词检索文献。Publication(期刊检索)是直接输入检索词检索期刊。Browse 也有两种浏览检索方式，即 Publications 和 Subjects。Publications 是按期刊浏览，Subjects 是按主题浏览。其中，按 Subjects 方式检索的结果和 forum、home 检索的结果相同。

2. 检索方法

(1) 检索功能页面中包含的信息如图 3-3 所示。

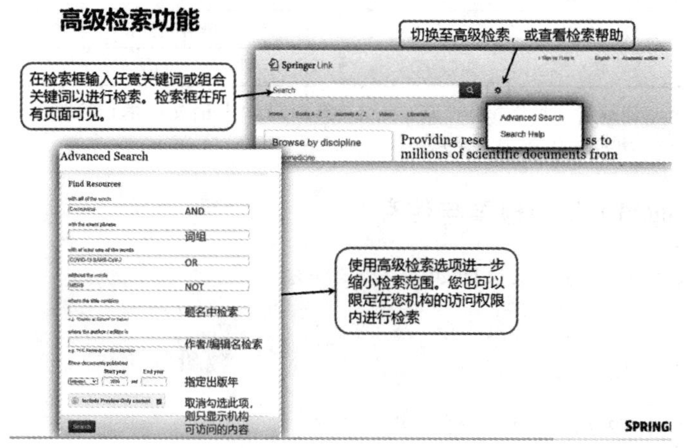

图 3-3　检索功能页面

(2) 在 Search 框内输入“brand”，结果如图 3-4 所示。得到的文献默认按照相关度排序，从页面上也可看到近三个月、近六个月、近一年和近两年内的最新文献。

(3) 点开一篇文献，可以查看该文献所在的期刊名称、发表年份、卷期、摘要及文章的结构构成，具体如图 3-5 所示。

Search for articles, journals, books, authors, videos

brand

Search

Showing 1-20 of 10,000 results

Article ⊗

Sort by

Relev

Content type

- [x] Article (132,207)
- [ ] Research article (107,931)
- [ ] Review article (6,924)
- [ ] News article (3,381)

Date published

- ○ Last 3 months
- ○ Last 6 months
- ○ Last 12 months
- ○ Last 24 months

Clear all | Update results

Brand authenticity influence on young adults' luxury sneakers brand preference: the mediating role of brand image

It is of interest to examine how consumers perceive luxury brands with the different elements of authenticity, leading to brand image, for companies...

Neo Ligaraba, Joy Cheng, ... Brighton Nyagadza in Future Business Journal

Article | Open access | 05 March 2024

From warmth to warrior: impacts of non-profit brand activism on brand bravery, brand hypocrisy and brand equity

Empirical evidence concerning the effects of brand activism on brand equity is growing but remains mixed at best. Although non-profit brands...

Zoe Lee, Amanda Spry, ... Jessica Vredenburg in Journal of Brand Management

Article | 20 March 2023

图 3-4 输入“brand”后显示的结果

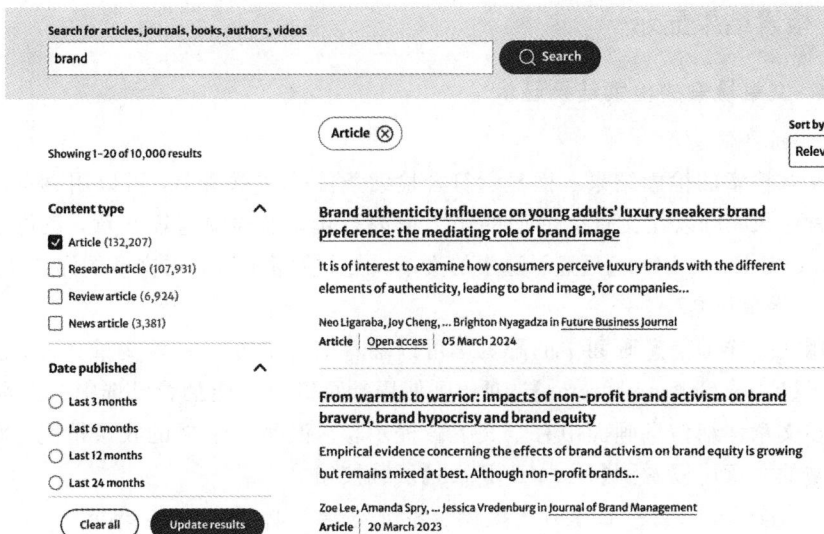

Home > Future Business Journal > Article
Brand authenticity influence on young adults' luxury sneakers brand preference: the mediating role of brand image
Research | Open access | Published: 05 March 2024
Volume 10, article number 33, (2024) Cite this article
Download PDF
You have full access to this open access article
Future Business Journal
Future Business Journal
Submit manuscript →
Neo Ligaraba, Joy Cheng, Nompumelelo Fortunate Ndungwane & Brighton Nyagadza
331 Accesses Explore all metrics →
Abstract
It is of interest to examine how consumers perceive luxury brands with the different elements of authenticity, leading to brand image, for companies to create and build a brand that is conducive to influence purchase intention. Through a proposed conceptual research model, brand authenticity and brand image as the predictor variables, with brand preference as the outcome variable, the study investigates the causal relationship of these constructs, where eight (8) determinants of brand authenticity are assessed. Findings of the research support all nine proposed hypotheses, as a result, indicated that brand authenticity and brand image influence consumers' brand preference. The same model development for the current study can be applied in other geographical zones and in different contexts to prove its generalisability. This study assists fashion marketing practitioners and brand managers to remain sustainable and better identify the factors that influence brand authenticity and brand image on brand preference of luxury sneakers
Sections
Figures
Abstract
Introduction
Review of literature
Methods
Research instrument
Results
Discussion
Conclusion
Availability of data and materials
Abbreviations
References
Acknowledgements
Funding

图 3-5 具体文献信息

三、检索结果显示

1. 文章检索的检索结果显示

1）简要信息

文章检索的检索结果页面显示符合检索条件的文章清单，可以用翻页键浏览检索结果。可以在文章名前面的小方框内打钩，以选中这篇文章，也可以点击【Filter Selected Items】只显示选中的文章。点击文章名可查看文章的详细介绍。

2）详细信息

用文章详细信息画面中的翻页键可以翻看上一篇或下一篇文章。如果已经选择了【Filter Selected Items】选项，则使用翻页键时只能翻看已选中的文章。

在文章详细信息画面中有全文下载提示，它说明了全文的收录情况。对于有全文的文章可以看到【Open Fulltext】下载按钮。

所有全文以 PDF 文件格式提供。要浏览全文必须先安装 Adobe Acrobat Reader 软件。

安装 Adobe Acrobat Reader 软件后，点击【Open Fulltext】按钮可以打开 PDF 格式的全文。

用 Adobe Acrobat Reader 提供的功能可以对 PDF 文件进行操作，如查找文字、复制文字、存盘、打印等。

在检索结果页面的【For】之后的文字输入框中输入检索关键词，即可对检索结果进行二次检索。

2. 期刊检索的检索结果显示

1）简要信息

期刊检索结果页面只显示期刊名，要获得详细的期刊信息，需点击期刊名进入期刊详细信息页面。可以在期刊名前面的小方框内打钩以选中这种期刊，并用【Filter Selected Items】按钮过滤已选中的期刊。可以用翻页键浏览符合检索条件的期刊清单。

2）详细信息

期刊详细信息中包含可以通过镜像站获取全文的全部卷次信息。点击卷次前的图标或卷次下的【More】按钮可以查看该卷中已经出版的所有期次。点击期次可以查看该期中所有文章的清单。可以在期刊详细信息页面中检索在这种期刊中发表的文章。可以对期刊检索的结果进行二次检索，也可以对检索到的一种期刊中的文章进行检索。在【For】之后的输入栏中输入要检索的关键词并按【Search】键，可进行二次检索。

第四节　EBSCO 数据库的使用

一、EBSCO 数据库简介

EBSCO 是目前世界上最大的提供学术文献服务的专业公司之一，提供数据库、期刊、文献订购及出版等服务，总部在美国，在全球 22 个国家设有办事处。该公司开发了 300 多个在线文献数据库产品，涉及自然科学、社会科学、生物医学、人文艺术等多学科领域。其中两个主要全文数据库是综合学科参考文献大全(Academic Search Ultimate，ASU)和商管财经类参考文献大全(Business Source Ultimate，BSU)。

1. 综合学科参考文献大全

收录年限：1887 年至今。

主题范畴：涵盖多元化的学术研究领域，包括生物科学、工程技术、社会科学、心理学、教育、法律、医学、语言学、人文、信息科技、通信传播、公共管理、历史学、计算机科学、军事、文化、健康卫生医疗、哲学、艺术、视觉传达、表演、哲学、各国文学等，同时收录数千种来自亚洲、大洋洲、欧洲及拉丁美洲等当地语言的全文期刊，涉及 80 多个国家。

数据内容：ASU 收录约 19 000 种期刊的索引及摘要，提供约 12 000 种全文期刊(其中 9040 种为专家评审期刊)。此外，ASU 还收录有约 910 种非刊类全文文献(如全文书籍专著)以及百余种会议论文、百科和专题报告全文等。

2. 商管财经类参考文献大全

收录年限：1886 年至今。

主题范畴：涵盖商业经济相关主题，如营销、管理、管理信息系统(MIS)、生产与作业管理(POM)、会计、金融、经济等。

数据内容：BSU 为 EBSCO 最完整的商管财经类全文数据库，收录 7200 多种期刊索引及摘要，提供 5099 种全文期刊(其中约 3100 种为持续收录全文期刊)。另外，BSU 还收录如下非刊类全文资源：约 700 种书籍专著章节，约 1200 份国家经济报告，约 8400 份行业报告，约 900 份案例研究，约 2400 份市场研究报告，约 4200 份 SWOT 分析报告等。

3. 其他主要专题库

1) ERIC

ERIC(Education Resource Information Center)包含超过 1 300 000 条记录

和 323 000 篇全文文档的链接，时间可追溯至 1966 年。

2）PsycARTICLES

PsycARTICLES 由 American Psychological Association（APA）创建，是心理分析领域同行评审学术文章和科学文章的权威来源。此数据库收录了大约 150 000 篇论文，分别来自 American Psychological Association(APA)、Educational Publishing Foundation（EPF）以及联盟组织，包括 Canadian Psychology Association 和 Hogrefe Publishing Group。

3）PsycCRITIQUES

PsycCRITIQUES 是由 American Psychological Association（APA）编制的书评全文数据库，涵盖心理学方面的最新学术及专业书籍。它还提供从心理学角度对热门电影及商业书籍所做的评论，共收录了 1956 年至今的书评及影评约 40 000 篇。

4）Psychology & Behavioral Sciences Collection

Psychology & Behavioral Sciences Collection 是一个综合型数据库，包含有关精神和行为特征、精神病学和心理学、心理过程、人类学以及观察和实践方法的信息。它是世界上最大的全文心理数据库，收录了近 400 种期刊的全文。

5）PsycINFO

PsycINFO 数据库是美国心理协会（APA）提供的著名资源，收录了学术期刊文章、书刊目录、书籍和专题论文的摘要，是世界上最大的行为科学、心理健康同行评审文献的资源数据库。该数据库包含 17 世纪至今的约 300 万篇引文和摘要，以及 140 多万条带 DOI（数字物件识别号）的记录。此外，还收录了 19 世纪至今的期刊，包括精选自约 2400 种各语种期刊的国际材料。

6）SPORTDiscus with Full Text

SPORTDiscus with Full Text 提供世界上最全面的运动和运动医学期刊的全文资源，收录 SPORTDiscus 索引中 1985 年至今的超过 520 种最受欢迎期刊的全文。它已成为所有运动领域与运动医学文献的权威研究工具。

7）eBook Collection

eBook Collection 提供了 30 多万种电子图书，涉及各个主题并涵盖多学科领域。除英文电子书外，还收录了法文、德文、日文和西班牙文电子书。除提供全文电子书外，还提供 16 000 多种有声电子图书。

二、EBSCO 的检索方式

EBSCO 提供的检索方式主要有基本检索（Basic Search）和高级检索（Advanced Search），其检索页面分别如图 3－6 和图 3－7 所示。

新检索 科目 出版物 公司信息 更多 登录 文件夹 首选项 语言 帮助

HUAIYIN TEACHERS C

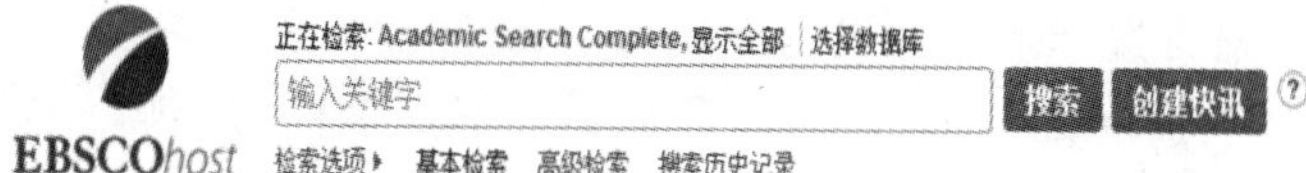

移动站点 | iPhone 和 Android 应用程序 | EBSCO 支持站点 | 隐私政策 | 使用条款 | 版权

©2017 EBSCO Industries, Inc. 保留所有权利。

图 3－6　EBSCO 基本检索页面

EBSCOhost 检索选项 基本检索 高级检索 搜索历史记录

检索选项

重新设置

检索模式和扩展条件

检索模式

- 布尔逻辑/词组
- 查找全部检索词语
- 查找任何检索词语
- 智能文本检索 提示

运用相关词语

同时在文章全文范围内搜索

应用对等科目

限制结果

全文

有参考

学术（同行评审）期刊

出版日期 月 年 - 月 年

出版物

图像快速查看

图像快速查看类型

图 3－7　EBSCO 高级检索页面

扩展阅读

基于 SCI、SSCI 和 A&HCI 三大论文引文索引近 10 年的数据进行语种分布、学科分布和中国学者语言使用情况的定量调查，总的来说，近 10 年来学术研究领域在语言选择上呈现出以下现象。

(1) 英语的“一语独大”现象是稳固的，不受学科的影响。就英语的地位而言，自然科学＞社会科学＞艺术与人文学科。

(2) 英语之外的各种语言使用分布极不均匀。排除英语后，一般有两种优势语言占据剩下份额的一半以上，通常是德语、法语或西班牙语。前五门语言(英、德、法、西、中)可以覆盖 99%以上的成果。

(3) 学术成果的语言使用呈现集团化。在自然科学、艺术与人文学科中中文处于第二、三集团，而在社会科学领域中中文地位则较低。

(4) 对于每个领域，掌握前 20 种语言即可获得绝大部分该领域的知识，而三大索引中排名前 20 位的语种差异很小。这证实了大部分人类科技、文化知识是被 20 种左右的大语种传承的。

第四章

毕业论文概述

思政寄语

提升自主创新能力，尽快突破关键核心技术，是构建新发展格局的一个关键问题。

——《习近平谈治国理政》第四卷

第一节　毕业论文的意义和作用

一、毕业论文的意义

毕业论文是高等院校教学和考试制度的一部分，大学生必须通过全部所学课程的考试，同时毕业论文成绩合格，才能准予毕业，获得大学毕业文凭；如果毕业论文不合格，即使修满学分，各科成绩及格，仍然不能毕业。毕业论文的成绩反映的是学生的综合素质和全面处理问题的能力。

(1) 毕业论文是大学教育整体系统中的重要环节。

《中华人民共和国学位条例》和《中华人民共和国学位条例暂行实施办法》规定："高等学校本科学生完成教学计划的各项要求，经审核准予毕业，其课程学习和毕业论文(毕业设计或其他毕业实践环节)的成绩，表明确已较好地掌握本门学科的基础理论、专门知识和基本技能，并且有从事科学研究工作或担负专门技术工作的初步能力的，授予学士学位。"

毕业论文并非学校的自行规定，而是高等院校和考试制度的一个组成部分。大学生必须完成教学大纲规定的全部课程的学习、考试，通过毕业论文的写作和答辩，且成绩合格，才能拿到毕业证书。如果缺少毕业论文这一环节，仍然不能毕业。所以，它在大学生的学习生活中占有不可忽视的地位。

无论本科、专科教育，还是研究生教育，都把毕业论文作为一个重要的教学环节写进教学大纲。近年来，在电大、函大、职大、网络学院等成人类教育中，毕业论文的写作也越来越受到重视。这意味着各类院校对办学质量和学生素质的重视，也体现出教育体制的完善和进步。

(2) 毕业论文是对学生知识、能力的综合检测。

毕业论文不像平时学习课程和通过考试那样让学生处于被动接受考核和技能训练的状态，而是要求学生主动地运用自己学到的知识开展科学研究，形成独立的科研成果。这不仅是学生在校期间接受教育的结果，而且是学生对大学期间所学知识的综合应用。它反映了学生独立思考、独立从事科研活动和开展工作的能力。

写作毕业论文需要知识的积累和方法的训练，而完成这个过程会进一步增加知识的积累，并且对思想方法的训练产生影响。美学家朱光潜先生是写论文的高手。他把论文归入说理文。他说："我发现思想训练是写说理文的必要准备，写说理文也是整理思想和训练思想的一个很好的途径。"学生写毕业论文，是对所学专业的总结，也是对自己思想、理论水平的提高。对学生个人而言，毕业论文绝非可有可无，而是应该引起高度重视的一件事。毕业论文是学生离校前交给母校的一份答卷，也是一份意义非同寻常的答卷。它是学生走向社会的一个中介、桥梁，是对学生知识结构和才华的全面展示，也是个人价值实现的一种手段和标志。虽然在平时的学习中，学生也要经过许多科目的考试，要交许多答卷，但是都只是针对某一门课程的学习做出的检测。毕业论文则不同，它虽然只以某一学科内的某一问题或现象为研究对象，但是需要调动几年所学的知识，形成对问题的分析、研究、判断，从而得出比较新颖的结论，以体现学生对学科知识的系统掌握和学生研究能力的初步形成。

与平时作业的不同之处还在于，毕业论文的写作可以体现学生学习的主动性，为其展示个人才华提供了更广阔的空间。学生在大学期间学习知识，其目的一是建立起系统的学科知识体系；二是培养分析问题、解决问题的能力。而毕业论文的写作正好可以全面检测这两个学习目的是否达到、达到的程度如何。它是对知识的具体运用，可以反映出学生是否具备独立思考的能力，是否具备从事科研的基本素质，从而让教师对学生的能力给出一个公平、公正的评判；也可以在学生走上工作岗位后，增强其更好地利用所学知识为社会服务的自信心。

除了知识的检测外，写作毕业论文还是对学生进行思想和理论水平训练的重要手段。大学时代是学生心智成熟、思想和理论水平逐步提高的阶段。毕业论文的写作，对学生而言是一项较大的工程，进行这项工程既需要储备、运用学科知识，更需要思想、理论的指导。学生对世界、生活的态度，以及所具备的理论水平，对其分析研究问题能达到什么深度、得出什么结论，会起到关键的作用。因此，从毕业论文中也可以感知到一个人的世界观、价值观以及其对待生活的态度。教师对学生进行必要的指导，可以使其通过毕业论文的写作在思想和理论水平上得到相应的培养和提高。对那些想要考研，在学业上要进一步深造的学生而言，毕业论文的写作更是一个重要的过渡，更应该以认真的态度对待。

（3）毕业论文是提高社会成员素质、能力的手段之一。

毕业论文的写作也是大学生毕生从事科学研究或选择职业的起点训练。每个人都有不同的价值观，有不同的人生追求。大学毕业后有的人会进入工作岗位，有的人会继续求学，无论选择了什么，毕业论文对其发展都很重要。

对继续升学进入研究生学习阶段的学生，毕业论文的选题也许会对他们将来的研究方向发生影响，即使排除了这一点，研究方法和写作经验的影响也是肯定存在的。一些学生选择的是终身从事科学研究的道路，也许在研究工作中将会取得极大的成就，而大学毕业论文正是这些成就的起点。

还有许多学生也许愿意更早开始从事务实的职业，即使升学读研究生，仍然是为从事某种职业打基础，或者所读的专业本身就是职业性的而非研究性的，对于这些学生来说，论文写作仍然很重要。发生在生活中的演讲、辩论、辩护、指控、授课、会议发言、演示各类报告，甚至做产品报告，都离不开做论文的方法。

在这个发展的社会中，大学生是一支重要的力量。他们步入社会后，在不同的岗位将会进一步开展科研活动，写各类文章，成为各行各业的骨干，他们的高素质和高能力会对社会科学文化事业的发展产生积极作用。以长远的眼光来看，每一个大学生都应当重视毕业论文的写作，把它当作自己走上社会的一个准备，投入必要的精力，从这一过程中得到很多思想、理论上的收获。只有站在这样的高度来认识毕业论文的写作，才会发现其中蕴藏着的深刻意义。

二、毕业论文的作用

毕业论文的主要作用在于表明即将毕业的学生完成了一项比较大的创新性智力活动，也证明自己有能力将研究的过程组织成书面表达的形式，并以此作为毕业和获得学位的依据。

毕业论文是学术论文的一种形式。一般来讲，学术论文具有以下几方面的作用。

（1）学术论文是探讨学术问题、进行科学研究的一个重要手段。

学术论文写作不仅是学术研究和科技工作的组成部分，还是一种探讨学术问题、描述学术研究成果的手段。思考或做实验是一个比较复杂的过程，也难以进行表述，因此，往往需要把思考或实验的内容记录下来。通过写作学术论文能把看不见或稍纵即逝的过程可视化，把研究成果用文字等书面符号展现出来，以利于反复斟酌和修改。人类对自然现象的认识是不断深化的，每个时代人们都要提供自己对自然现象和学术研究的深化成果，学术论文是以书面形式对人类认识深化成果进行的记录和总结。因此，学术论文的写作过程也是一个系统化的思维过程，也可以使作者由感性认识阶段上升到理性认识阶段，是一种科学的积累。

（2）学术论文是进行学术交流、促进科技发展的一个重要工具。

学术交流是促进科技创新和进步的重要形式之一，是人们获得新的思想、知识、技能和信息的主要渠道，是提高科技工作者自身素质、服务经济社会的重要桥梁，也是得到社会和同行业内人士认可的重要标志。在现代科学和学术研究中，继承性和开放性是紧密相联的。因此，学术论文写作后的交流与发表，是推动科技发展的一个重要工具，也是将科技成果转化为生产力的一个重要手段。在当今信息社会中，交流对于科技的发展意义重大，如果说科学技术研究中的物质性成果体现研究人员的价值，那么非物质性的学术论文也同样体现出这一价值。

（3）学术论文是衡量学识能力、检验专业水平的一个重要依据。

学术论文写作是科研和技术工作者必备的一种能力，也是学术研究和科技成果的重要表现形式。从某种程度上说，学术论文通常能够代表国家、地区和行业科学技术发展的动态历史，也可以从某个侧面反映出某个领域、某个学科、某个学校等的学术发展、学术研究的历史。

目前，在我国的专业技术职务任职资格评审中，对申报评审高、中级专业技术职务任职资格（如从助理工程师晋升到工程师）都有论文要求，需要专业技术人员提供任职以来能反映本专业工作的参评论文，否则就不能获得相应的任职资格。这是因为学术论文是反映专业技术人员知识水平和专业水平的重要载体，是评委们对申报者进行综合评价的重要依据，也是客观、公正、准确地评价人才、确保评审质量的一项重要措施。

第二节　毕业论文的特点和分类

毕业论文是高等院校毕业生在教师的指导下，综合运用所学专业的理论和基本知识，以及自己掌握的基本技能，针对学科中某一现象、问题进行分析研究，从学术角度提出一定观点，得出某一结论的研究论文。

毕业论文的写作是高等院校教学环节的重要组成部分，在教学大纲中有明确的规定和要求。它既是对学生学习成果的综合性检测，也是培养锻炼其科研能力的重要方式。在这一过程中，学生需要对所学专业知识有一个全面完整的回顾。另外，毕业论文还是学生分析问题、解决问题能力的一种展现。所以，认真对待毕业论文的写作，交出一份满意的答卷，是每个毕业生在毕业前的一项重要任务。

一、毕业论文的特点

1. 创造性

就一般意义来讲，科学研究是创造性的思维活动，科学生产就是新知识、新观念的生产。美国科学史学家乔治·萨顿把科学看成“人类的真正有积累性和进步性的唯一活动”。他指出：“科学总是革命的和非正统的，这是它的本性。”

所谓创造性，是指由创造性思维活动开拓新的物质领域、知识领域和观念领域。创造性最忌人云亦云、亦步亦趋、拾人牙慧、重复前人的学说和结论。但是，创造性不排斥继承性，相反，创造性离不开继承性，是在继承性的基础上创造的。

创造就是发展，但任何事物、任何理论的发展都是一个过程，而这个过程又是无止境的。实际上，任何一个人的创造或发现只不过是这个过程的一个链条、一个片段。这个链条和片段同前一个链条和片段是互相衔接的，有着继承关系。科学史和思想史上的无数事例都证明了这条真理。例如，牛顿同伽利略的关系，马克思同亚当·斯密、李嘉图的关系，就是继承与发展的关系。

2. 科学性

从静态来看，科学是一种知识体系。知识是人类对事物的实事求是的认识和人类实践经验的总和，体系是若干有关事物互相联系而构成的一个整体，有规律性。作为反映生产科学成果的学术论文，其科学性就表现在实事求是地反映客观事物并揭示其内部联系的规律性特点。

实事求是地反映客观事物，就要求作者评论的观点要正确，知识的运用要准确。学术论文反对一切脱离实际的空谈。

揭示事物的内部联系的规律性，就要求作者的论点和论证能触及事物内部的较深的层次，揭示出事物的本质及其规律性。如果作者的论点和论证只描述事物的外部现象，而不深入地剖析事物的内在本质，那么，其毕业论文就无科学性可言。

3. 规范性

规范性是就学术论文的形式而说的。同其他文章相比，学术论文在形式上或格式上是正规的、合乎规范的。譬如，它在结构上要求有引言、正文和结论。正文里要对所提的问题做深入细致的分析，对论点要进行严格的论证，结论里要旗帜鲜明地提出问题和论点，并提出解决问题的结论等。在论证时要有充足的、确凿无疑的论据。此外，引文要标明出处。毕业论文的规范性，是毕业论文内容的严肃性和完整性在形式上的反映。科学活动是一项探索真理的活动，它本身就是一项很严肃的社会实践活动。毕业论文的规范性是科学活动的内在要求。

二、毕业论文的分类

一般学术论文的分类比毕业论文更复杂，采用不同的标准，会有不同的划分结果。学生在做毕业论文时，只有根据自己的专业性质和课题需求选择适当的论文形式和论述方式，才能使毕业论文的内容和形式实现统一、和谐、完美的结合。

毕业论文是学术论文的一种，从总体上说，它具备学术论文应有的特性。但因为学科分类和研究对象的差异，对毕业论文类别的划分也有多项标准。比如，从内容和性质上划分，可以将其分为两大类，即社会科学类毕业论文和自然科学类毕业论文。每个类别下面又可分出许多分支，如社会科学类毕业论文还可以分成文学、哲学、历史学、教育学、社会学等毕业论文；自然科学类毕业论文也十分广泛，可再分为数学、物理学、化学、生物学、动物学、生理学等毕业论文。如果从不同的研究内容和方法上划分，毕业论文又可以分为理论性论文、实验性论文、描述性论文和设计性论文。文科类学生一般多采用理论性论文的写法。也有人从文体角度，将毕业论文分为研究型论文和报告型论文。前者是以论文文体的形式进行写作，是毕业论文的主要形式，文、理科学生都会用到。报告型毕业论文常从现实中的某一问题出发，通过深入调查、访谈获取数据，并将结果进行科学呈现，如调查报告、实验报告、考察报告等，偏重实用性课题和事实的研究。还有人以综合的方法把毕业论文分成专题型、论辩型、综述型和综合型四种。按研究问题的大小，又可将毕业论文分成宏观论文和微观论文。总之，毕业论文分类的办法因内容、性质、研究领域、表现方法等方面的差异，可以有多种划分。

三、学术论文的分类

从大学生学术论文写作训练的角度看，不同阶段有不同的任务和要求，从而形成一个完整、系统的过程。有必要对大学里几种常见的学术论文形式进行一个基本的了解，并分清它们之间的区别和联系。

1. 学年论文

学年论文一般在大学三年级进行，它是指在学生具备一些专业基本知识后，运用已有知识尝试解决某一学术问题的初次锻炼。这需要在教师指导下进行。因为学生的知识储备、知识结构还不够完善，所写题目不宜太大，篇幅也不宜太长，也不宜追求学术的深度，主要是通过学年论文的撰写，积累论文写作的经验，掌握写论文的方法，为今后撰写毕业论文打下基础。

2. 毕业论文

毕业论文在毕业之前一个学期进行，应该在学年论文的基础上继续延伸某一学术问题的研究。和学年论文相比，毕业论文的题目可以大一点，要求有学术深度。它可以检验学生大学期间所学知识的广度和深度，以及发现问题和解决问题的能力。

3. 学位论文

学位论文是指学士、硕士、博士论文，是根据《中华人民共和国学位条例》的规定所划分的三种论文类型。

(1) 学士论文：由高等院校本科毕业生撰写的毕业论文(多数情况下，本科生的毕业论文即学士论文)，主要检验其对本专业理论知识和基本技能的掌握情况。论文通过后即可获得学士学位。其字数一般规定在6000～8000字。

(2) 硕士论文：在高等院校或科研机构攻读硕士学位的研究生所写的毕业论文。要求体现出本学科的理论基础和专门知识，掌握本研究课题的研究方法和技能，对所研究问题有一定见解，并取得一定科研成果。其字数要求在3万字左右。

(3) 博士论文：攻读博士学位的研究生的毕业论文。要求对所研究课题有创造性的见解，是比较显著的科研成果的反映。它是由作者独立完成的、系统比较完整的科学专著。其字数应该在10万字左右。一些优秀的博士论文最终都能正式出版发行。

以上几种论文主要在大学校园内存在，体现出学生在学术研究上的阶段性特征。它们之间是一种由浅入深的关系，前者为后者作了知识和理论上的准备和铺垫。特别是学年论文和本科毕业论文，都有为学位论文提供经验的意义。所以对学生来说，在一开始写学年论文时就应该逐渐掌握正确的写作方法，在老师的指导下，在课题研究上体现出某种延续性，这样才能真正锻炼、提高自己的科学研究能力。

第三节　毕业论文写作的基本要求

毕业论文的写作有以下几个方面的具体要求。

一、内容——要坚持理论联系实际

毕业论文的写作必须坚持理论联系实际。因为理论不是凭空产生的，它来自生活实践，是对实践经验的概括提炼。同时，理论又会反作用于实践，用于指导人们的科学研究活动。而学生撰写毕业论文的目的，是通过研究揭示事物运动的规律，并用于指导社会实践，从而推动社会的发展和进步。因此，毕业论文的写作与现实生活联系密切，写作过程中尤其要关注现实中出现的新情况、新问题，并做出及时的反应。比如，在改革开放的社会背景下，商品经济的发展对社会成员的影响、冲击，以及新的价值观念的形成等，这些变化和每一个人息息相关。大学生更应该关注现实，从中培养、锻炼自己发现问题、研究问题、解决问题的能力；同时，也要使自己尽快融入社会，对社会发展的规律、特色有深入的理解。

首先，学生应该深入社会生活，广泛接触各类社会现象，获得大量第一手感性材料，增强对社会的认识和理解，并学会对这些材料做由表及里的分析研究，从而实现从感性认识上升到理性认识的飞跃。特别要结合我国的社会现实，对新出现的各类社会问题具有高度敏感性，培养起浓厚的兴趣，善于从普遍现象中捕捉具有典型意义的现象，并通过自己的认真思考，产生有利于社会主义现代化建设的规律性认识，再把这些规律性认识升华成理性精神，用于指导毕业论文的写作。一个只会在书斋读书，不关心社会现实的人是不可能在生活中有新的发现的，也不可能具有创新的精神。所以，学生在毕业论文写作之前就应该学会深入社会生活，培养自己关注现实的能力。毕业论文不只是一个人理论水平和专业知识的表现，更是与现实之间的高度关联。

其次，应学会认真读书，掌握好理论的武器。读书就是从前人的经验中汲取有用的养分来充实自己的头脑。作为一名需要用现代思想武装自己的大学生，除必读的专业书籍外，马克思列宁主义、毛泽东思想、邓小平理论、“三个代表”重要思想、科学发展观及习近平新时代中国特色社会主义思想都应该掌握。通过读书，掌握马克思列宁主义的基本立场和观点方法，以提高分析问题、解决问题的能力。

二、立论——要坚持科学创新精神

立论，即文章观点的确立，在某种意义上它决定着一篇论文价值的大小。所以，必须以科学的创新精神认真对待毕业论文的立论。

首先，立论要体现出科学性。这就要求作者坚持科学的态度，以科学的方法认真对待手中的材料，对其进行“去粗取精，去伪存真”的加工整理，从中得出科学的结论。一篇文章的论点，既是对所有材料内涵的集中概括，也是对作者思想水平和科学态度的检验。因此，必须以科学精神对其进行认真分析、研究、提炼，尽量做到如实反映事物的本来面目，从中发现能反映事物本质的客观规律。

其次，立论要体现出立论的创新精神。这就必须对前人的成果进行学习研究，既要充分尊重他人的研究成果，又不能被其束缚住手脚，要在前人成果的基础上寻求超越的可能。比如，在深入研究的基础上提出新的见解、新的观点、新的主张，体现出思考的精神。这样才可能把新精神渗透到整个写作过程中，对立论起到关键作用。毕业论文的写作不仅可以对学生知识掌握情况进行检验，还可以培养出学生勇于开拓创新、不断进取、勇于追求真理的精神。

三、论据——要注重翔实、正确

论据，是一篇优秀毕业论文必备的条件之一。光有一个好的立论并不足以支撑起全篇，还必须有翔实、正确的论据作为论点的支持，这也是毕业论文区别于一般议论文的特点之一。一般的议论文只要求一两个论据能证明论点的成立即可，并不要求拥有大量材料。而毕业论文作为有一定学术价值的文章，则要求作者把鲜明、正确的论点建立在拥有丰富材料的基础上，并从材料中提炼获得必要的观点；反过来又以材料为表现论点的重要手段、支撑。所以，毕业论文的写作，一定要占有大量第一手材料，这些材料必须正确可靠，经得起推敲和检验。尤其是毕业论文中引用的数据材料，更要经过反复核实，确定无误后才能用到文章中。同时，选择材料的态度要客观，不要掺杂个人的好恶，而应以论文的需要为原则。

论据可以分成事实论据和理论论据两种。事实论据是指毕业论文中用来证明论点的现实或历史的事例、数据。这种论据有很强的说服力，但所用事例必须有典型意义。理论论据即以理论观点为论据，它包括具有普遍性的事物规律、科学定律、理论原则、历史人物的思想观点等可以证明论点的材料，是一种以“讲道理”取胜的论据，可以增强说理的理论深度。无论采用哪一种论据，都要注意正确使用才能起到更好地证明论点的作用。

论据是支撑论点的重要支柱，所以在写作中一定不能掉以轻心，要按照相应的原则进行选择、提炼，使之能更好地为表现论点服务。

四、论证——要注重严密性和逻辑性

论证，是证明论点和论据之间关系成立的方法和过程。它的主要作用在于揭示论点和论据之间内在的逻辑联系，使论据更好地为证明论点服务。要使一篇毕业论文能有比较强的说服力，论证的严密性和逻辑性是不能忽略的重要过程，既要在论文中提出有现实意义的问题或将某一重要社会现象作为研究对象，还要在论文中通过作者的分析、研究，找到解决问题的方法。此外，论证要符合事物发展的客观规律，使毕业论文的逻辑程序和认识程序相统一，从头到尾体现出完整、连贯的逻辑联系。

对大学生而言，严密的逻辑思维不是一两天形成的，而是需要在日常学习中注意培养，要时常训练自己认识问题、分析问题的能力。具体到毕业论文的写作中，即要能够做到概念清晰、判断准确，具备逻辑推理的基本能力；对事物的认识过程要体现出层次性、条理性；要能对各种现象进行由浅入深、由实到虚的分析归纳；要能把从生活中获得的感性认识升华到理性的高度，从而获得对事物的正确认识。

第四节　毕业论文成绩评定和管理

一、毕业论文成绩评定

毕业论文的评定应该是以客观公正的态度对学生的毕业论文做出准确评判，并写出科学、规范、公允的评语。一般来说，学生的论文有两次成绩：一次是定稿完成后，根据学生的写作态度和论文质量，给出初评成绩；二是答辩完成后，根据答辩情况写出评语，给出成绩。有的高校评分流程较细致，学生的论文成绩有三次：一是定稿后，指导老师给出的初步成绩；二是答辩前评阅老师给出的成绩；三是答辩组给出的成绩，答辩组评定成绩可以参考前两步成绩，

也可以不考虑，成绩评定实行少数服从多数的原则。最终成绩以答辩组成绩为准。关于评分标准，每个学校会有不同规定，但应该遵循基本的原则。

毕业论文的成绩一般可评为五等：优秀、良好、中等、及格、不及格。有的学校则分为优秀、良好、及格、不及格共四个等级。现将某学校统一规定的毕业论文的成绩评定标准摘录如下，仅供参考。

××学院毕业论文(设计)的成绩评定

(1) 毕业论文(设计)的成绩评定要严肃认真，实事求是，应以学生完成工作任务的情况、研究水平、独立工作能力、创新精神、学术研究的态度以及答辩情况为依据，不应由学生以往的成绩或指导教师的水平来决定。

(2) 毕业论文(设计)最终成绩按优秀、良好、中等、合格和不合格五级评定。最终成绩的评定应参考指导教师、论文(设计)评阅教师的建议成绩并根据答辩情况由答辩委员会(小组)评定给出。其评价标准如下。

① 优秀：能很好地完成任务书规定的任务；论文(设计)选题新颖、适度，具有理论意义或实际价值；研究方案合理，研究方法得当；论文(设计)内容完整，论证严密且有逻辑性，语句通畅，层次清楚；说明书、图纸符合规范，完成的实物性能达到指标甚至优于规定要求；论文(设计)格式规范；答辩时概念清楚，表达简明扼要、重点突出，回答问题正确，具有知识深度与广度，且有个人独到见解。对毕业设计成果突出的学生，在上述各条达到较高要求后，亦可评为优秀。

② 良好：能较好地完成任务书规定的任务；论文(设计)选题有一定新意；研究方案、研究方法合理；论文(设计)内容比较完整，论证较为严密且有一定逻辑性，语句通畅，层次清楚；说明书、图纸符合规范，完成的实物性能达到指标规定要求；论文(设计)格式规范；答辩时概念清楚，表达简明扼要、重点突出，回答问题正确。

③ 中等：能完成任务书规定的任务；研究方案、研究方法比较合理；论文(设计)内容比较完整，论证有一定的逻辑性，语句通畅，层次清楚；说明书、图纸符合规范，完成的实物性能达到指标规定要求；论文(设计)格式规范；答辩时概念清楚，回答问题正确。

④ 合格：能基本完成任务书规定的任务；论文(设计)选题适度；研究方案、研究方法较为合理；论文(设计)内容基本完整，论证有一定逻辑性，语句通畅，论述有条理；说明书、图纸基本符合规范，完成的实物性能达到指标规定要求；论文(设计)格式规范；答辩时概念较为清楚，回答问题基本正确。

⑤ 不合格：未完成任务书规定的任务；论文(设计)内容不够完整，论证缺

乏逻辑性，思路不清晰，错误较多；说明书、图纸质量较差，完成的实物粗糙，性能指标不符合要求；答辩时概念不清楚，原则性错误较多。

(3) 毕业论文(设计)成绩记入学生成绩档案。

二、毕业论文的管理

传统的毕业论文研究过程相对较松散，高校对毕业论文的过程管理和控制较薄弱，即使有比较全面的毕业论文管理办法，也无法落实到位。高质量、高数量的毕业论文要求很难做到。同时，毕业论文写作全靠教师多次督促，效果并不理想。随着信息化技术的发展，当前毕业论文管理信息系统已经应用到毕业论文的指导全过程，系统将论文从定题目到最后的答辩组评语等通过时间线进行约束，到一定时期就要完成论文写作的某个步骤的内容，效果明显改善。

现将某学校毕业论文(设计)检查和管理流程摘录如下，以供参考。

××学院毕业论文(设计)检查和管理流程

(1) 教务处应对各院(系)毕业论文(设计)各阶段工作的进展情况进行督促和检查。

(2) 各院(系)要认真做好毕业论文(设计)的中期检查工作，并接受教务处组织的抽查工作。院(系)可通过中期检查对学生进行阶段考核，填写《毕业论文(设计)中期检查表》，写出考核评语，作为评定最终成绩的参考，对完成阶段性任务差的学生要给予警示。各院(系)应将中期检查发现的问题及时通告有关学生和指导教师，以便及时采取切实可行的整改措施。各院(系)中期检查工作的主要内容包括：

① 有无改变课题内容的情况；

② 有无课题工作量过重或不足的情况；

③ 课题进展情况；

④ 对与科研项目结合的毕业论文(设计)，应检查其所做工作是否达到毕业论文(设计)要求；

⑤ 不能如期完成课题时的解决方案与途径。

(3) 各院(系)要重视和加强毕业论文(设计)过程中的学生教育工作，妥善处理好学生就业与毕业论文(设计)工作之间的矛盾，努力减少和消除就业压力对毕业论文(设计)各环节的不利影响和冲击。

(4) 毕业论文(设计)工作结束后，各专业必须进行书面总结，认真填写《毕业论文(设计)选题汇总表》，客观准确地完成毕业论文(设计)质量分析报告；组织申报、评选本年度院(系)优秀毕业论文(设计)；及时做好毕业论文(设计)的资料归档工作。

扩展阅读

《2022 年中国科技论文统计报告》公布
——我国热点论文数升至世界第一

2022 年 12 月 29 日，中国科学技术信息研究所在线公布《2022 年中国科技论文统计报告》(以下简称《报告》)。《报告》显示，我国热点论文世界占比持续增长，世界热点论文数量首次排名第 1 位；高被引论文数量继续保持世界第 2 位，占世界的份额提升近 3 个百分点。

据介绍，近两年间发表的论文在最近两个月得到大量引用，且被引用次数进入本学科前 1‰的论文称为热点论文。各学科论文在 2011—2021 年被引用次数处于世界前 1%的论文称为高被引论文。

截至 2022 年 9 月，中国的热点论文数为 1808 篇，占世界总量的 41.7%，数量较 2021 年统计时增加 19.3%；美国的热点论文数为 1730 篇，居第 2 位。

《报告》中的几个"第一"尤为引人瞩目：我国高水平国际期刊论文数量排名保持在第 1 位；按国际论文被引次数统计，中国在农业科学、材料科学、化学、计算机科学、工程技术 5 个领域排在世界第 1 位，比上年度增加 1 个领域。

《报告》还指出，我国发表在国际顶尖期刊的论文数量世界排名继续保持在第 2 位。2021 年，被引次数超过 10 万次且影响因子超过 30 的国际顶尖期刊有 18 种。2021 年共发表论文 3.21 万篇，中国发表 2045 篇学术论文和述评文章，排世界第 2 位，与 2020 年持平。

不仅如此，我国高水平国际合著论文数量稳步增长，以中国作者参与为主的合著论文占高被引论文的比例接近 1/3。

中国卓越科技论文总体产出持续增长，更多发表在国内重要科技期刊上的论文入选卓越科技论文，成为此次《报告》的一大亮点。2021 年，中国卓越科技论文共计 48.05 万篇，比 2020 年增加 1.67 万篇。

值得关注的是，中国科技期刊国际影响力进一步提高，被国际重要检索系统收录、进入本学科前列的中国科技期刊数量也在上升。

第五章

毕业论文的选题

思政寄语

坚持面向世界科技前沿、面向经济主战场、面向国家重大需求、面向人民生命健康……把论文写在祖国大地上，把科技成果应用在实现社会主义现代化的伟大事业中。

——《习近平谈治国理政》第四卷

第一节　选题的意义和作用

一、选题的意义

写毕业论文，首先要确定选题，这是写好论文的第一步，它决定了毕业论文写什么、怎么写，以及是否写得好。选题正确，论文写起来会更加得心应手；否则会适得其反。

确定选题就是确定研究课题(即论文题目)，但它不等同于给论文命题。选题是对论文主题的确定；而给论文命题则不仅与论文主题有关，而且与论文的体式、语言等形式特征和题材有关。通常，论述相同或相近主题的若干论文，命题却各有特点。写毕业论文时，一般的步骤是选题在作文之前，命题在作文之后。选择课题是以自己熟悉的专业知识和思辨方式选择研究方向，当写作论文工作开始以后，围绕研究课题展开的搜集资料、阅读资料和研究，也许会改变作者的初衷，或者对作者修改原课题内容产生诸多影响，这在写论文的过程中是时常发生的；命题则需要根据论文主题和论文写作方法，对材料去粗取精，进行整理加工，在论文内容已经定型的基础上即可确定。选题是一个研究项目，是一个主题；而命题是选题的具体化。选题可以随时被修正；而命题一经确定则不再更改，并应能充分反映论文的特征，对论文起到画龙点睛的作用。

选题虽然具有某种不确定因素，但它的重要性是不容忽视的。作者的研究方向、参考资料搜集的范围及论文写作的内容和形式，都取决于选题。可见，选题是写好论文的关键。论文的成败、论文的学术价值和学术水平，都与选题正确与否有直接关系。好的选题可以产生新的视角、新的科研成果，甚至可填补学术领域某一方面的空白。因此，选题正确意味着论文已经成功一半，选题不当则往往是论文质量低劣的根本原因。

选题的重要性还表现在其能反映作者的学术水平、理论联系实际的能力和认识深度。作者对学科知识和专业走向的把握，对个人知识结构和研究能力的把握，对个人和学科专业主客观关系的把握，都会在选题中体现出来。选题正确，作者才能充分发挥自己的才智，扬长避短，在搜集资料、构思、写论文时少走弯路，收到事半功倍的效果。

此外，毕业论文选题正确能使研究工作朝着正确的方向拓展，有利于提高研究能力，加深对研究课题的认识，揭示其规律和实质，能够使作者在研究对象的认识上“百尺竿头，更进一步”，对作者今后较长时期的研究活动或专业活动产生积极的影响。

二、选题的作用

（1）确定选题有助于正确理清毕业论文的写作逻辑。

确定选题之前必须搞清楚几个相关的概念，以免在写作中引发混乱。课题、论题是什么？它们和主题、题目之间存在什么关系？

课题的涵盖面最大，它指的是某一学科中比较重大的科研项目。比如，“西部开发中的民族文化资源问题”就是一个研究课题，从中可以分离出一些具体的论题。论题指的是对象比较明确的研究对象和问题，它规定着研究的对象、范围、中心和方向。比如，西部开发中的“藏族文化研究”“土家族文化研究”“彝族文化研究”等，都属于前一课题范围内的论题。古代文学中的“唐诗研究”也是一个比较大的课题，是一个特定的研究领域，如果开展研究，可以从中选择不同的角度构成不同的论题，如从风格流派角度可以分为现实主义、浪漫主义等，从题材角度又可分为田园诗、边塞诗、爱情诗等类别。这种划分等于把课题具体化，使之进入研究者的视野，成为论证的对象。

毕业论文的论题不同于主题。主题指的是在一篇文章中通过各种材料所表达的中心意思、作者对问题的观点和态度。一个课题，可以选择不同研究角度形成不同的论题，每一个论题又有自己需要表达的主题。而具体到一篇文章，则只能有一个主题。在论文里，主题一般被称为论点或者中心论点。主题一旦形成后，就会像红线一样贯穿全文，起到核心作用。论题是指文章需要研究的问题或现象，论点则是作者通过分析研究后从中得出的观点。从论题到论点有一个研究的过程，也是作者对问题的认识由现象深入本质的升华过程。论题只是研究范围的确立，而论点的确立则标志着文章已经进入比较深入的研究阶段。所以，二者之间的区别是比较明显的。

毕业论文的论题也不同于题目。题目是作者为一篇文章所起的名称，它属于文章的形式要素之一，有一定的随意性，随着文章主题的变化也会出现相应的调整。有的题目可以透露出文章的主题和作者的思想倾向，如《论建设和谐社会的重要意义》《论中国文化的包容性》；有的题目只表明研究的范畴和方向，如《巴金小说创作论》《论新闻的时效性》等，这类题目中并不反映作者的思想倾向。题目和论题之间有一种制约关系，题目是对论题进行研究的角度和切入点。题目是在一定的研究论题之下确立的。比如，前面说到的"唐诗研究"课题，在确定了论题范围后就可以根据具体的作家、作品确定题目，从中可以体现对每个作家的研究角度和方法，如《论李白诗歌的浪漫主义特色》《论王维诗歌的禅意》《论唐代边塞诗的壮美》等。对研究者来说，应首先选定研究课题，经过筛选后根据个人的能力和情况，确立一定的研究论题，在研究的基础上根据手中资料、理解程度再确定具体的题目，开始文章的写作过程。这使得研究范围由大到小、由广泛到具体，对论文的写作来说是非常必要的过程。

搞清楚这些概念之间的联系和区别，对毕业论文的选题是很有必要的。毕业论文的选题主要是针对论题的选择，可以体现出研究者的学术水平和眼光。选准论题差不多等于完成了毕业论文一半的工作。虽然这话有点夸张，但也反映出选题的重要性。

（2）选题是写好毕业论文的关键。

选好毕业论文的论题，意味着解决了毕业论文"写什么"的问题，确立了写作的目标和方向。这是毕业论文写作中一个关键的环节。提出问题比解决问题更重要，因为提出问题也需要研究者具备一定的能力，只有经过一定研究之后才能提出问题。每个学科都有大量的问题存在，有的问题前人已经有所定论；有的问题仍处于发展变化之中，需要对其进行认真的分析、研究、探讨，才能找到解决方法。作为学生，应该学会独立思考，根据自己对知识的掌握情况，选择一个合适的角度展开研究。

选题的过程也体现出一个人所具备的创造精神。如果平时对某一问题进行关注，有一定的资料积累，那么毕业论文的写作就可以在此基础上展开，经过进一步的研究探讨后取得令人满意的结果。

选题对毕业论文的重要性首先体现在它可以确定论文的方向、角度和规模。对一个大四学生来说，在知识结构、理论修养方面有一定欠缺，想要在一篇文章中进行大的理论突破、创新是不太现实的。所以，在确定选题时必须考虑到个人的条件，选取适合自己能力的论题进行研究探讨，从中锻炼和提高自己的科研能力。选题规模不宜太大，范围不宜太广。其次，选题要能起到调动学生热情、积极性的作用。也就是说，选题和学生本人平时的兴趣爱好要有一定关系。难度太大的选题学生不易驾驭，不仅不能起到提高科研能力的作用，而且会导致学生产生一定的畏难情绪，甚至会出现抄袭之事；太简单的选题则不能真正发挥学生的才能，容易出现简单化倾向。怎样才能做到适度选题，是一个需要认真考虑的问题。选题最好是在学生的知识、兴趣范围之内，能让其充分发挥自己的知识积累，激发其创造精神和热情，提高其思维活跃度，从而达到通过研究提高科研能力的目的。

因此，只有通过艰苦的努力，对材料进行认真收集、整理、分析、研究，才能从中找到适合自己的研究方向，找到合适的选题；只有认真对待选题过程，才会有收获，从而为毕业论文的写作做好前期准备。

(3) 选题可以决定毕业论文的价值。

选题的适度与否还会影响到毕业论文价值、意义的体现。这主要是针对后期效果的预测而言的。因为一个好的选题包含一定的价值、意义，经过研究发掘后，其中的意义就会得到呈现。这一过程体现了作者的学术眼光和对问题的判断能力。比如，一些作者会从现实性的角度去选题，使所选论题与现实社会之间反映出某种密切的关系，这样的论文自然就有一定的学术价值。因此，在选题过程中对论题的价值做适当预测是很有必要的，这样可以避免研究的盲目性。学术研究也要具备“与时俱进”的眼光，对学科内存在的某些问题、现象进行深入研究剖析，再针对社会的实际需求选择课题。

因此，在写毕业论文时，应充分认识到选题的重要性，以认真的态度对待选题。这个工作做好了，不仅为后期的写作奠定良好的基础，使之沿着正确的目标前进，而且对自己今后的科研能力、科研水平也会产生有益的影响。

第二节　选题的原则和方法

一、选题的原则

选题既然是经过理智的判断的，那自然就有个判断的标准。这个标准就是选题原则。那么，选题的原则是什么呢？概括地说，选题有四条基本原则：价值原则、可行性原则、适当性原则和创新性原则。

1. 价值原则

所谓价值原则，就是说选题要有实用价值和社会价值，要对科学理论问题和社会实际问题的解决有现实意义。毕业论文的实用价值包含以下几个方面。

（1）对科学发展中所提出的理论问题的研究或探索。社会在进步，科学在发展，但科学（包括自然科学和社会科学）的发展是以科学理论的解决为基本前提的。如果在某一个时期，某一具体学科的重要理论问题得不到解决，那么这门学科的理论就会停滞；如果主要的理论问题解决了，那么该学科就会充满生机地继续向前发展。人们所说的对科学发展中所提出的理论问题的研究或探索，就是指对某一学科发展的理论研究。

（2）解决社会现实和科学发展中的实际问题。在社会现实生活中和科学发展过程中，会不断出现这样或那样的实际问题，如计划生育问题、环境污染问题、交通运输问题、按劳分配原则的贯彻问题等，这些问题在理论上已经解决了，但在具体工作中却有不少实际问题需要解决。如何解决这些实际问题，则需要认真研究、探索。

（3）对历史上一些重要理论问题的再认识。事物的产生、发展、变化是有一个过程的，人对事物的认识也要有一个过程。受主客观条件的限制，要形成一个正确的认识，也需要一个过程，不是一次认识就能够完成的。在对某一事物或某一理论问题未形成正确的认识之前，所撰写的论文往往有片面性乃至错误的观点。对一些重要的历史问题和科学理论问题的再认识、再研究是非常必要的。如果能对其中的一些重要问题有突破性研究，其现实意义是非常重大的。

2. 可行性原则

所谓可行性原则，就是选题从主观和客观所具备的条件来说，是在可行的范围之内的。若是超越了可行的范围，即使选题的价值再大，也不会取得成果，因而也是没有意义的。写作毕业论文需要具备主客观两个方面的条件。提出选题要分析这些条件，根据现有条件来确定论文的难易程度、范畴大小、内容多少。这就是说确定选题之前，要充分考虑自己是否有能力在规定的时间内完成选题的内容，把论文写好。一个选题无论多么好，如果无法实现，都是毫无意义的。

从客观上讲，选题可行性的主要要求是有较好的资料条件。资料（文献资料和实际资料）是研究理论课题、撰写学术论文的基础。古人说："长袖善舞，多财善贾。"这是一种教人认真储备材料的说法。"长袖"创造了"善舞"的条件，"多财"创造了"善贾"的条件；同样，有了丰富的材料，也为写好文章创造了条件。这里的材料，是指作者所掌握的资料或可能掌握的材料。如果身边缺少必要的书籍或连个像样的图书馆都没有，那么想获取必要的材料就十分困难了。

完成毕业论文的客观条件还包括实际能够提供的调研环境、实验环境、参考资料和完成论文时限。如果一个选题需要通过实地调查研究或室内实验来完成，而做毕业论文期间这些条件并不具备，就应该考虑其他不需要这类条件的选题。如果不具备某一选题的参考资料，并且无法通过努力获得需要的参考资料，那么这个选题也得放弃，考虑其他易于获取资料的选题。

毕业论文同其他学术论文相比，在完成时间上有很大的不同，它必须在规定的时限内完成。进入大学以后，时常会有一些课程安排做一些专题论文的训练，毕业前一年还会写学年论文，而毕业论文一般安排在大学修业的最后一学年完成。毕业论文从开始选题、搜集资料，到完成论文、通过答辩，一般不超过16周。学生在确定毕业论文的选题时，一定要估算毕业论文选题的难易程度及写作毕业论文的步骤、篇幅，确保以自己的能力和现有条件，能在规定的时间内按计划、高质量地完成论文写作。

从主观上讲，可行性原则就是量力而行的原则。完成毕业论文的主观条件是指学生的知识结构、对专业知识的掌握、研究能力、写作能力、兴趣爱好、精力和从事研究工作的毅力。选题既要考虑学科发展需求及其研究价值，又要考虑个人对知识掌握的深度和广度，以达到专业需求与自己知识点的最佳结合。这样写作起来才会得心应手，收到事半功倍的效果。

在写作毕业论文时，决定主观条件的大部分因素，譬如对专业知识掌握的深度和广度、知识结构的层面和范围等，在进入写作论文阶段时是已经确定了的。写毕业论文时一定要考虑这些不可变更的因素，因势利导，因地制宜，在自己熟悉的领域，根据自己的可能性提出选题。在这些因素中，应重点关注自己的专业兴趣。兴趣能够增强写作论文的积极性，激发从事科学研究的精力、毅力和研究能力，提高工作效率和质量。

可行性原则的具体要求有以下几条。

(1) 有相应的业务专长。研究一个课题，要有相应的业务专长。从事科学研究的人都各有擅长，有的擅长数学研究，有的擅长经济研究，有的擅长小说研究，有的擅长戏剧研究等。总之，业务专长不同，选择研究的课题也不一样。如果让研究计算机软件的人去进行考古研究，那是无法胜任的。因此，在确定选择什么样的研究课题时，必须考虑研究者的业务专长，否则，选题是不可行的。

(2) 要选择自己熟悉的课题。选题要考虑自己的业务专长，主要是从研究者的知识结构的特点来说的。选择自己熟悉的课题则主要是从个人的实践条件来说的。自己实践过或正在实践的东西，是自己最熟悉的东西。当然，自己熟悉的选题并不一定只限于自己所实践的范围，有些问题自己虽然没有亲身实践，但也不一定不熟悉，而这种熟悉就只能是间接意义上的熟悉了。

(3) 要有浓厚的兴趣。兴趣、意志都是心理品质，也是非常重要的非智力因素。兴趣是一个人出于强烈的社会责任感而对某些与事业的发展密切相关的问题的关注。这种受社会责任感的制约，受人的意志力支配的兴趣，是社会学意义上的兴趣。科学研究是一项十分艰苦的脑力劳动。对待艰苦的劳动，只有个人心理形态的兴趣是不够的。特别是当研究工作处在非常艰苦的状态，或不断地经历着各种挫折和失败的时候，就需要更高层次的兴趣去激励研究工作者的毅力。这种高层次的兴趣具有意志力的品格，一个人在研究的道路上无论遇到什么困难，都会因为有意志力的作用而勇往直前，百折不挠。这正是科学研究工作者所需要的兴趣。

3. 适当性原则

经验不足，好高骛远，眼高手低，选择难度过大、过难的题目，是写作毕业论文时出现失误的常见原因。事实上，毕业论文的选题范围应适当，宜小不宜大。选题小、材料翔实、说理充分，远胜过选题大、内容空洞、说理不够。选题范围小比选题范围大更容易把握论文的质量。有时，对毕业论文的写作而言，“难”和“易”是一种相对的理解，关键在于学生选题时应当对自己的个人情况有客观中肯的分析，即俗话所说的“知彼知己，百战不殆”。要充分考虑自己的知识积累、理论水平、写作能力等因素。如果选题远远超出自己的研究能力，那么再好的选题也是没有意义的。

对大学生而言，研究范围宜小不宜大。选题小可以从容展开，材料的收集整理也会相对容易一些，在写作过程中也更容易把握文章的进展。

选题的难易适中，要求在写作时既要“知难而进”，更要“量力而行”。现实生活中经常会遇见这些情况：有的学生急于求成，希望在毕业论文的写作中展示自己大学四年的学习成绩和收获，往往会把论题定得太大。但是进入写作过程后才发现，经验、能力等因素决定了其不可能把握太大的研究范围。例如，××学院市场营销专业的学生在选择毕业论文的题目的时候，老师就要求题目不能谈“我国”等，最好是具体的企业，侧重实际的微观的问题。

毕业论文是在做完学年论文，并已经取得了一些经验之后写作的，相对学年论文而言，毕业论文的选题可以大一些、深一些。可是，以大学生的治学基础、水平和能力而言，毕业论文仍然含有训练的成分，有许多东西需要学习，范围较小的选题便于把握、展开，以便把道理说透。

此外，如前所述，毕业论文一般安排在最后一学年的稍后数周完成。因为时间短，所以选题范围小一些才有可能完成好。两三个月的时间不可能像一两年、两三年那样写一篇题目大、内容长的论文，如果意气用事，不慎重考虑，勉强去写，也写不好。大学生一定要量力而行，把选题控制在适合自己操作的范围。

当然，这只是就一般情况而言的，并不排斥一些特别的情况。在资料积累较多、研究能力突出时，学生也可以，甚至也应该有勇气挑战难度较大、较深的选题。

4. 创新性原则

毕业论文的价值在一定程度上和论文是否有新意有直接关系。无论研究什么领域，关键在于能通过分析研究提出自己与众不同的观点、见解，即“见人所未见，发人所未发”。这样的论文才能给读者耳目一新之感，才能体现出其价值、意义。论文写作最不可取的就是重复别人说过的话，毫无新意可言。一般来说，可以考虑从下面几个方面去实现选题的新意。

（1）论题和研究对象并不新，但是研究者以新的角度和眼光发掘出新的意义。比如一部《红楼梦》，问世二百多年来早已经被人解读过无数遍，单是中华人民共和国成立后的七十多年来，相关的研究论文就数不胜数。但是，对它的研究并没有穷尽。随着时代的发展变化和新思想、新学科的出现，对《红楼梦》的研究也在更新变化之中。单是从“语言”这个角度，就有许多新的发现。有的研究者从语言艺术的角度切入，有的研究者从语言和人物形象的关系上着手，有的则从地方方言的角度进行研究。总之，不断有新的研究文章传递着新的信息。

（2）论题或研究对象都新，研究者也能以新的研究方法对其进行研究。这在自然科学领域比较常见，如一个新的发明创造、一项新科技成果，都可能成为研究的对象，并体现出新意义、新价值。

（3）对已有定论的研究领域进行挑战，提出自己的质疑，也能构成论文的新意。这当然要求学生具备发展和创造的精神，敢于向传统、权威挑战，并有自己独到的新见解。对学生来说，这种情况比较少见，但也不是没有可能。

追求新意和变化是年轻人的优势。年轻人受到的思想束缚比较少，思想不僵化，对新的东西保持着浓厚的兴趣。但是，要将这些条件形成一种优势，还需要在平时注意锻炼和积累，注意培养自己对社会的关注。如今的社会是一个开放、变化的社会，无论科学技术还是人的思想观念，都处于变化之中，各种社会矛盾也会随着社会的发展而呈现出新的趋向。对于学生来说，平时应该多参加社会活动，去亲身感受、体验社会的发展变化，从中获得第一手材料。特别是在现代经济建设过程中，中国社会的变化更是巨大，要在观察、思考中得出自己对社会现象的理解和判断，学会用一定的理论来分析、解剖社会的问题，并从中找到自己毕业论文的立足点，这样才可能写出新意，写出变化。此外，平时还要注意立足于自己的专业，收集各种资料，并进行必要的分析、筛选，及时掌握本学科各种新的研究动向。对一个论题，起码要了解它目前的研究程度，哪些人写过什么文章，提出过什么观点，是否存在有争议的问题，甚至国内外对这一问题的研究现状等，这才是科学的研究态度。如果对自己所学专业内的问题都不关注，对研究动向一无所知，自己进入选题阶段还是两眼一抹黑，或者听从老师的安排写现成的题目，那么这篇毕业论文的新意就很难达成了。选题的新意是与研究者的思想、方法、观念密切相关的。

二、选题的方法

选题就是提出问题。提出问题往往比解决问题更重要，因为解决问题只要掌握知识、技能和程序就行了，而提出问题则需要想象力和创新精神。正因如此，仅仅掌握一些选题的原则是不够的，还需要了解具体的途径和方法。通过一定的途径和方法选择合适的题目非常重要。

（1）在导师的指导下确定选题。

指导教师是毕业论文的直接参与者，其意见对学生来说应该起到重要的参考作用。很多学校要求担任毕业论文指导教师的需要有中级以上的职称，有一定科研实践水平，视野开阔，知识面广泛，能指导学生顺利完成毕业论文的写作。毕业论文既有学术论文的性质，又有毕业作业的性质，理所当然地应该接受导师的指导。导师一般具有较高学历，担负教学、科研双重任务，专业知识基础深厚，从事科学研究和做论文的经验丰富，熟悉前沿科研项目和课题。经过其指导论文，可少走弯路，成功的概率较高。

需要注意的是，导师不应直接为学生拟订选题，而是要启发学生，让学生自己确定选题和写作论文。导师的职责是引导或指导学生如何做，而不是代替学生做，目的是教会学生进行科学研究和写论文的方法。学生要注意不要过分依赖教师，或者干脆放弃自己的选择，由教师直接代替自己确定选题。这样会影响个人主观能动性的发挥，对研究能力的提高也会有一定制约。正确的做法是导师要了解每个学生的具体情况，以引导、启发为主，给学生提出参考性意见，放手由学生自己去选取自己熟悉的、有一定积累的论题，导师再提出有针对性的指导意见，帮助其结合个人知识结构、研究能力等条件做出抉择。同时，对学生的指导要有针对性，提供的意见应能适合学生的个性化需求。这就要求一位导师每次指导学生的数量不宜太多，以4～6人为宜，而且对每个学生的知识结构、研究能力、写作能力等都应有所了解。

学生对于毕业论文的选题，应听取导师的意见，把自己的想法同导师沟通，反复切磋，最后敲定；切忌不听导师的意见，或者过分依赖导师的意见。

(2) 从搜集、阅读资料中获得选题。

牛顿有一句名言："如果我比别人看得更远些，那是因为我站在了巨人的肩膀上。"牛顿曾经研读了开普勒的《光学》、笛卡尔的《几何学》和《哲学原理》、伽利略的《关于两大世界体系的对话》、胡克的《显微学》等书籍，这些对他的研究工作产生了巨大影响。这给了我们一种启示，开展学术研究，充分利用前人已经取得的成果是非常重要的，这样才能使我们站得高些，看得远些，看得全面些。因此，确定选题要多查阅书刊文献资料，这正是充分利用前人研究成果的一种方式。现今也包括网上查阅资料。

查阅书刊文献资料，是为了全面了解某一学科专业或某一研究方向、研究课题的历史与现状，如了解某一学科专业或某一研究方向、研究课题是怎样发展的，曾经开展过哪些方面的研究，取得了哪些成果，以及现阶段达到了怎样的程度，面临哪些问题，有哪些难点需要攻克。全面地认识某一问题，可以带来更多的选择，同时也较容易触发研究选题的灵感。

准备写作毕业论文时，常常会遇到这种情况：模糊地认为某个选题有研究价值，但尚不明确，这时搜集资料，整理资料，阅读资料，问题就会迎刃而解。搜集和阅读资料，能够帮助学生捕捉、获取有研究价值的选题。在确定选题时，广泛地搜集、阅读文献资料，无疑是非常有益的。

大学生活中一个重要的内容就是要学会阅读，这里指的主要是对本学科内专业书刊的阅读，也指的是对历史文献的查阅。大学学习期间，除了在课堂上听教师讲授课程外，很大一部分时间是让学生自己去阅读各类书刊，扩大自己的知识范围，开阔眼界。会读书的学生从中得到的益处将会非常明显。书刊是人类精神的成果，是前人思想的积淀。阅读书刊可以使学生的思想得到提高、知识得到充实。写作毕业论文时要学会"站在巨人肩上来实现自己的发展和超越"。科学研究工作，是长江后浪推前浪，是一场长跑接力赛，是学习借鉴别人已取得的成果，也是一种人类思想、精神的传承。在阅读中既可以学习前人的经验，也可以了解某些学科的研究程度、存在的疑难问题，少走一些弯路，取得事半功倍的效果。

阅读有很多种方法，如广泛阅读、精读、浏览等。不管用哪种方法阅读，关键在于学生要有研究的意识、眼光，一方面注意吸收本学科的研究成果，另一方面学会在阅读中发现本学科存在的问题，并在发现中进行鉴别、判断，从而逐步确立起自己需要的选题。阅读也包括对各类文献资料的挖掘利用。文献资料是一门学科历史的积淀，内容包括很多鲜为人知的东西，容易被当代人所忽视。要学会用现代的意识、眼光去认识历史资料中包含的价值，找到能为今天所用的内容。

另外，随着科学技术的发展，网络也成为一个越来越重要的资料基地。它的方便、快捷深受当代人的喜爱，也为科研工作提供了便利。通过网络可以及时了解学科研究的新动向，获得相关的信息，但利用网络也要学会鉴别和筛选，从中汲取对自己研究有帮助的内容。通过阅读来选择研究论题是一个比较好的办法，学生获得的不仅仅是一个合适的选题，更是一种研究的方法或路径。同时，从阅读中还可以获得各种有用的资料、信息，开阔自己的视野。

(3) 从社会实践和科学实践中寻找选题。

从社会实践和科学实践中获得选题对大学生来讲并不容易，但是并不是没有机会。尤其是一些社会实践或实验性较强的学科专业，学校应该提供机会，而学生也应争取参与社会调查或参加实践的机会，将理论与实际联系起来，从实践中发现选题。

自改革开放以来，我国社会处于转型时期，各行各业都需要科学的理论做指导，随着社会发展，各学科专业也需要不断地丰富、完善自己的知识体系。政治、经济、文学、艺术、历史、法律、管理、新闻、信息和军事等社会科学学科不断地从世界各国的研究中汲取养分，也从社会的需求中拓展着自己的科研任务。大学生在校学习期间，应寻求参与社会调查研究的机会，了解社会，学以致用，并从中考虑毕业论文的选题。

调查研究的方式是多种多样的，有通过书刊文献资料、网上资料取得材料的，有通过个人实地采访、咨询取得材料的，也有通过学校组织的调研活动取得材料的。有时，调研的形式被综合应用。无论何种调研形式，都可能产生较好的论文选题。例如，学经济的可以从经济管理、商品营销、企业改制、产业结构的调整以及中国加入 WTO 后各行业面临的机遇和挑战的调查中获得选题；学法律的可以从社会转型产生的诸多案例的调研中获得选题；学文学艺术的可以从社会学和受众、文艺形式的演变，以及文学艺术的商业运作等调研中获得选题；学信息科学的可以从信息技术的应用程度、应用范畴和应用需求的调研中获得选题等。

随着素质教育的加强，各高校对学生参与社会实践活动越来越重视，如组织学生到基层、到农村搞社会调查。有的学科因为专业需要，学生更是有专门的实践任务。另外，很多学生利用课余时间参与勤工助学活动，这也是社会实践活动的一种。不管参加哪一种社会实践活动，目的都是让学生走进社会，通过实践锻炼获得课堂外的有用的知识。

当今社会，各个行业的发展都需要科学理论作指导，需要各种实用型、复合型的人才。大学生将来都是社会的有用之才，更有必要了解社会的发展变化，只有亲身参与到社会实践中，才能尽早融入社会，尽快成才。

每个学科都有本学科的特点、优势。理工科的专业大都直接涉及生产实践活动，利用科学技术、科学发明为社会的发展进步作出贡献。理工专业的学生参与相关的科学研究、实验活动、技术革新，获得实践经验，会为自己将来的科研工作奠定良好的基础，也为毕业论文的写作积累有用的数据资料。

社科专业的学生活动范围比较广泛，整个社会都可以成为其参与实践的基地，学生可以从实践中提取合适的论文选题。比如，经济专业的学生可以从社会的经济结构、商品发展、人民生活的变化等现象中找到研究的角度；法律专业的学生可以从法律制度的现状、问题切入，结合具体案例发现法律制度需要健全完善的地方，并可以将某些问题作为自己的研究对象。从社会实践中获得的选题，可以体现出它和现实生活之间的密切联系，以及对现实的应用价值、意义。对学生来说，参与社会实践也是一个非常好的锻炼、提高自己能力的机会。理论固然重要，但如果不与现实相结合，它就不能发挥真正的作用。

(4) 从好学深思中得到选题。

思考，是进入研究的开始。对学生来说，写毕业论文最重要的不是体现知识的广度，而是要通过写作培养学生独立思考问题的习惯和能力。作为一名大学生，思考的习惯应该从进入大学就开始培养；到了高年级后，思考的内容就应该上升到对学科内某些理论问题、现象的探索和研究，而不能仅仅停留在思考一般的现象上。

对学科内某一问题的持续性思考，自然会形成一定的看法。只要持之以恒，就能从简单到复杂，从幼稚到成熟，逐步培养起从事科研的能力。在毕业论文的写作上，若是选取平时就注意思考的课题作为研究的方向，就容易找到突破口，顺利完成任务，写出有一定水平的论文。一个人一旦养成思考的习惯，这对其今后从事相关工作也是有益处的。思考就意味着动脑筋，意味着发现和创造。

好学深思，也强调要多想，把读到的、学到的东西加工、消化，转化为研究成果。胡适的《治学的方法》一书中有这样一段话："三百年以前，培根说了句很聪明的话，他说，世上治学的人可分为三种，那就是，第一种蜘蛛式的，是靠自己肚子里分泌出丝来，把网织得很美很漂亮，也很有经纬，下点雨的时候，网上挂着雨丝，从侧面看过去，那种斜光也是很美。但是虽然好，那点学问却只是从他自己的肚子里造出来的。第二种是蚂蚁式的，只知道集聚，这里有一颗米，马上三三两两地抬了去，死了一个苍蝇，也把它抬了去，在地洞里堆起很多东西，能消化不能消化却不管，有用没用也不管，这是勤力而理解不足。第三种是蜜蜂式的，这种最高，蜜蜂采了花去，更加上一番制造，取其精华而去其糟粕，是经过改造制造出新的成绩的。孔子说过，‘学而不思则罔，思而不学则殆’。蜜蜂的方法，是又学又思，是理想的治学方法。”

(5) 立足于学科选题。

一个大学生经过四年的大学学习生活，了解了本学科的发展，具备了一定的专业素养。所以，写毕业论文一般都应该立足于本专业进行选题，不主张跨专业写作。虽然有的学生会对其他学科的一些专业产生兴趣，但是兴趣不能代替学问，毕业论文的写作是指对专业上的问题或现象进行科学研究后，得出一定观点、主张的学术活动，有一定的科学性、严肃性。学生应该立足于自己所学的专业，对自己的知识结构进行检测。首先要了解本学科范围内已有的科研成果，这些成果目前解决了哪些问题，还有哪些问题是等待后来者去探索研究的。从宏观的角度对本学科领域的研究作一次回溯是很有必要的，这也是对研究者能力和眼光的一种锻炼，可以避免选题的盲目性。当然，这一切如果在老师的指导下进行更好，老师可以给学生必要的分析和提示。

立足于本学科选题，是毕业论文写作的基础，也是对大学生四年学习生活、所学知识的集中检验。

(6) 从有争议的问题中选题。

每个学科领域内研究方法、思想观念的冲突等因素会导致对某一问题的看法不同，久而久之，便会形成某些学术争议。另外，随着社会的发展变化，也会出现新的问题。对这些新问题的研究需要在一定理论的指导下才能形成新的认识、新的观点。大学生如果能在教师的指导下参与对这些问题的研究讨论，对个人能力的培养会有很大好处。

比如，前几年文学界出现了对“80后”写作的争议。以韩寒、郭敬明、张悦然等人为代表的20世纪80年代出生的一批写手的出现，对文坛的写作观念形成一定冲击，对他们的研究也存在不同的观点和看法。有人持肯定的态度，对他们的风格特色大加赞赏。有人则持怀疑的态度，认为他们的写作并不成熟，而且风格迥异，除了出生年代相同外，并不能构成一个风格流派。面对这样有争议的课题，如果能对这些人的作品进行认真研究，提出自己的看法，形成比较新颖独特的观点，论文就能产生影响，也能体现出现实意义。

(7) 在有地方特色的领域寻找选题。

论题的选择应该在立足于本学科专业的前提下，尽量开阔视野，但是也要考虑自己所具备的条件，如知识条件、研究能力以及写作时间等。选题太大太宽泛，不利于学生开展研究工作；难度太大也会造成资料收集的困难，不利于实际操作。一个可以考虑的角度就是：从有地方特色的领域中去选取合适的研究论题。这是因为一方面在其研究上会比较便利，另一方面其研究成果也可能为地方发展作出贡献。但是也有学生对“地方特色”这一概念不太理解，认为它不具有太大的研究价值而放弃选择。其实，在改革开放经济大潮的冲击下，“地方特色”越来越凸显出其优势，每个省区都在结合自己的特色全力寻找自己发展的方向、道路。只要研究成果能结合地方特色，具有一定的启发性、指导性，就会受到应有的重视。

每个地方都有自己发展的优势和需要解决的各种问题。从事有地方特色的专题研究，关键在于要找准目标和方向，理论联系实际，真正做到以自己的研究成果为地方发展献计献策。比如，云南地区地处中国西南边疆，和东南亚多国接壤，由 26 个民族构成，其丰富立体的多元文化共存的特色在全国也是独特的。近年来，随着东南亚国际通道的开通，经济发展呈现出新的国际优势，可以从云南的区位优势、经济发展、文化交流等角度挖掘新的领域；也可以围绕滇池的污染情况，从环保角度开展治理研究；除滇池外，云南还有洱海、抚仙湖、泸沽湖等高原湖泊，还可以从对滇池的环境研究中总结经验并推广到对其他湖泊的治理研究。云南多民族共居，不同的经济形态共存的特点为人类学、历史学、民族学、经济学、文学和语言学等学科提供了丰富的研究素材。

只要以认真、高度重视的态度对待地方特色的研究，就会挖掘出其独到的价值和意义。一旦形成成果，对促进地方文化、经济的发展都会有积极的推动作用。对学生个人而言，通过这种研究既可以增强对故乡的热爱之情，也可以提高自己的学术水平，为今后的发展打下良好的基础。

第三节　毕业论文的开题报告

开题报告是提高选题质量和论文水平的重要环节，由学生在毕业论文写作前期完成，经指导教师签署意见及院（系）审查后生效。开题报告是指开题者（学生）对所选论题的一种文字说明材料，是一种新的应用文体，这种体裁是随着现代科学研究活动计划性的增强和科研选题程序化管理的需要而产生的。

一、开题报告的作用和意义

通过撰写开题报告，开题者可以把自己对课题的认识理解程度和准备工作情况加以整理、概括，以便使具体的研究目标、步骤、方法、措施、进度和条件等得到更明确的表述，开题者可以为评审者提供一种较为确定的开题依据。“言而无文，其行不远”，以书面开题报告取代昔日广为运用的口头开题报告形式，无疑要切实可靠得多。开题报告一旦被批准，课题得以正式确立，它会对之后的研究工作产生直接的影响，或者作为课题研究工作展开时的一种暂时性指导，或者作为课题修正时的重要依据等。总之，开题报告是选题阶段的主要文字表现，它实际上成了连接选题过程中备题、开题、审题及立题这四大环节的强有力的纽带。

无论是在学习中还是在工作中，开题报告的写作都具有重要意义。在美国有这样一个实例，美国科学基金会曾同时收到关于同一科研课题的两份开题报告，一份是获得过诺贝尔奖的西博格写的，另一份是由一位名不见经传的青年研究者写的。经过专家们的认真评议，结果批准了那位青年研究者的申请，把这一课题的研究经费拨给了他。所以，在美国，许多科学家每年几乎要用两个多月的时间从事课题建议书(即开题报告)的起草工作。在我国，科技工作者要写科研开题报告，在校的大学生也要写开题报告。今后，随着科研管理的加强，开题报告写作方面的要求也会越来越高，因此，应重视开题报告的写作。

二、开题报告的内容

各高校对开题报告的具体格式的要求不尽相同，有的是参照毕业论文的格式，有的为表格形式。学生在撰写开题报告时一定要按有关要求进行写作，注意内容要全面，重点要突出，格式要规范。开题报告的主要内容是阐述论证过程，确定课题研究的价值与方向，一般由以下几个部分组成。

1. 毕业论文课题名称

毕业论文的课题名称看起来是个小问题，但实际上很多人的课题名称写得并不准确、不恰当，从而影响整个课题的形象与质量。

在给课题起名称时要注意两个问题：一是名称要准确。准确就是课题的名称要把课题研究的问题是什么、研究的对象是什么交代清楚。二是名称要简洁。不管是论文还是课题，名称都不能太长，一般不要超过 20 个字。例如，机械类的毕业论文名称“单缸四冲程汽油机的设计”，其研究的对象是单缸四冲程汽油机，研究的主要方法是设计，这就说得很清楚、简洁，别人一看就知道这篇毕业论文是研究什么的。

2. 课题研究的目的、意义和背景

课题研究的目的、意义是指为什么要研究本课题，研究它有什么价值。一般可以先从现实需要方面去论述课题，指出现实当中存在这个问题，这个课题需要去研究、去解决，以及研究该课题的实际作用；然后，写出课题的理论和学术价值。这些都要写得具体、有针对性。

课题研究的背景，即根据什么、受什么启发而做这项研究，通常也表述为

"问题的提出"。因为任何课题都不是凭空而来的，都有一定的背景和思路。课题提出的背景主要指特定的时代背景，回答的问题是为什么要进行该课题的研究，该课题的研究是根据什么、受什么启发而确定的，一般从现实需要的角度去论述。例如，从教育部新出台的政策法规或时代的发展、社会的进步、科技的发展对教育教学提出的新要求出发；从现行学校教育、学科教学等方面存在的问题与差距出发。新要求、新标准、新政策、新理念与现实之间存在着问题，课题研究就是奔着这些问题而来的，为问题的解决而研究，可以说，问题是毕业论文(设计)的支点。毕业论文(设计)及课题研究所要解决的主要问题要有针对性、可操作性，这是课题研究的生命力所在。解决的主要问题要与提出的背景间有着必然的、相应的联系，不能游离或架空。

3. 国内外研究现状、水平和发展趋势

阐述研究现状、水平和发展趋势这类的内容必须采用文献资料研究的方法，即通过查阅、搜索资料发现国内外同一课题研究的历史、现状与趋势。

(1) 历史背景方面的内容：按时间顺序，简述本课题的来龙去脉，着重说明本课题是否被前人研究过，哪些方面已有人做过研究，取得了哪些成果，这些研究成果所表达出来的观点是否一致，如有分歧，那么他们的分歧是什么，存在哪些不足。通过历史对比，说明各阶段的研究水平。

(2) 现状评述方面的内容：重点论述当前本课题国内外的研究现状，着重评述本课题目前存在的争论焦点，比较各种观点的异同，阐述本课题与它们的联系及区别，表现出自己课题研究的个性及特色。这一部分的内容应力求精练，体现自身研究的价值。

(3) 发展方向方面的内容：通过纵(向)横(向)对比，肯定本课题目前在国内外已达到的研究水平，指出存在的问题，提出可能的发展趋势，指明研究方向，提出可能解决的方法。

4. 课题研究的理论依据

毕业论文的课题有应用研究类、发展研究类和设计类等，这就要求课题研究必须有一些基本的理论依据来保证研究的科学性。例如，进行机械设计类的课题，就必须以机械设计的相关知识、设计方法为理论依据。

5. 课题的主要研究内容、方法

研究内容是研究方案的主体，是课题研究目标的落脚点，研究内容要与课题相吻合，与目标相照应，具体回答研究什么问题及研究问题的哪些方面。要努力从课题的内涵和外延上去寻找，紧密围绕课题的界定去选择研究内容。它要求把课题所提出的研究内容进一步细化为若干小问题，也可以在课题大框架下设立子课题。

研究方法是完成研究任务达到研究目的的程序、途径、手段或操作规律，它具体反映“用什么办法做”。研究的方法服从于研究目的，也受具体研究对象的性质、特点制约。在具体的方案设计中，要根据各时段研究内容的不同选择不同的方法，尽可能地写明怎样使用这种方法和用这种方法做什么。常用的研究方法有观察法、实验法、调查法、文献法、经验总结法、个案分析法、行动研究法和比较法等。

6. 课题研究的过程

课题研究过程即课题研究的步骤，也就是课题研究在时间和顺序上的安排。一般划分为三个阶段：前期准备阶段（调研、完成开题报告）、中期实施阶段（即具体设计阶段）、后期总结阶段（撰写论文或说明书、绘制装配图纸、答辩等）。每一个阶段都有明显的时间设定，即从什么时间开始，至什么时间结束，都要有规定；要有详尽的研究内容安排，具体的目标落实，从而保证研究过程环环紧扣，有条不紊，循序渐进。

7. 课题研究的成果形式

毕业论文（设计）的成果形式有很多，如调查报告、论文、经验总结、装配图纸、计算机软件、电子产品、教学设计等。其中论文、图纸、电子产品等是毕业设计成果最主要的表现形式。毕业论文（设计）课题不同，研究成果的内容、形式也不一样，但不管形式是什么，课题研究必须要有成果，否则，毕业论文（设计）也就失去了研究之意义。

8. 主要参考文献

主要参考文献是指在撰写开题报告时阅读引用过、参考过的主要文献，一般应不少于10篇。

扩展阅读

35项卡住中国脖子的关键技术，21项已被攻克了！

2018年，中央科技新闻媒体《科技日报》发表了系列文章，报道制约我国工业发展的35项“卡脖子”的关键技术（见表5-1），其中包括芯片、传感器、光刻机、激光雷达等关键技术，引起了广泛关注与讨论。

如今，这些技术都突破了吗？国产最新进展又走到了哪一步？据报道，经过逐项查阅公开资料，目前我国至少已经攻破了21项关键技术，其他技术正在攻关或因其他原因而尚未公开。

需要注意的是，多数“卡脖子”技术都是大类，有些技术我国目前仅突破了其中的某个细分领域，或尚未实现规模性应用。

表 5-1　35 项卡脖子技术

序号	技术名称	序号	技术名称	序号	技术名称
1	光刻机	13	核心工业软件	25	微球
2	芯片	14	ITO 靶材	26	水下连接器
3	操作系统	15	核心算法	27	燃料电池关键材料
4	航空发动机短舱	16	航空钢材	28	高端焊接电源
5	触觉传感器	17	铣刀	29	锂电池隔膜
6	真空蒸镀机	18	高端轴承钢	30	医学影像设备元器件
7	手机射频器件	19	高压柱塞泵	31	超精密抛光工艺
8	iCLIP 技术	20	航空设计软件	32	环氧树脂
9	重型燃气轮机	21	光刻胶	33	高强度不锈钢
10	激光雷达	22	高压共轨系统	34	数据库管理系统
11	适航标准	23	透射式电镜	35	扫描电镜
12	高端电容电阻	24	掘进机主轴承		

第六章

毕业论文的资料

思政寄语

调查研究是做好工作的基本功。一定要学会调查研究，在调查研究中提高工作本领。调查研究要经常化。

——习近平总书记 2020 年 10 月 10 日在中央党校(国家行政学院)中青年干部培训班开班式上的重要讲话

第一节　资料在毕业论文中的作用

撰写毕业论文也是一项科学研究工作的开始，必须从大量的已有文献资料中获取有用的信息作为研究工作的基础。写作论文是对科学技术信息的再处理，是否充分地占有文献资料，将决定选题的质量、科学研究的质量和论文写作的质量。可以从以下几个方面概括充分地占有资料的必要性。

(1) 参考资料是科研和写作的基础。

参考资料是科研和写作的物质基础。俗话说："巧妇难为无米之炊。"论文作者的"米"，就是写作论文的参考资料。利用资料首先要占有资料，占有资料才有"米"下锅，才能了解前人或别人关于研究课题的进度和成果，然后开始自己的研究工作；没有参考资料，在科研活动中几乎寸步难行。有资料记载，马克思的著作《资本论》的第一章的参考文献就达上千种。可见科研和写作对参考资料具有多重的依赖关系。

(2) 资料是论述、论证和辩论的基础。

学术研究需要掌握事实、资料和实证材料，科研活动中的事实、资料和实证材料就像建筑工程中的砖瓦、水泥和钢筋。占有资料就是掌握从前的和最新的事实、资料和材料，用来构筑研究的实体。任何思想观念或理论观点的确立，都需要论据的支持。论文需要事实、数据和实证材料作为论述、论证和辩论的基础。

（3）从对参考资料的整理中产生新观点。

如果说数据、事实和材料是科学研究的构架和基础，理论、观点和方法则是研究活动的灵魂。理论、观点、方法不是人头脑中固有的，而是学习的结果。占有数据的目的不仅是获得论据，还包括获取体现某种理论、观点和方法的论点。只有正确的论点，才能把大量的事实、资料和实证材料联系起来，没有理论方法和观点的论文只能是数据的堆砌，不能说明任何问题。只有广泛而有效地占有数据，才能从不同的理论方法和观点的比较中，取其精华，去其糟粕，继承正确的方法，推出创新的论点。

（4）占有数据才可能多视角地看问题。

观察问题还需要好的视角。同样的课题虽然有人做过了，倘若换一个角度去看，又会发现新的价值。就像对哈姆雷特的评论，当他在复仇的激情中迟迟不采取行动，以致数次放过杀死敌人的机会时，有人认为是他身上存在着“知识分子”的软弱，表现出思想的巨人、行动的矮子的行径；有人认为他是在玩类似猫捉老鼠的游戏，以延长复仇的快感；还有人认为是因为他要猎杀的叔父和母亲关系亲密，而他身上存在着俄狄浦斯情结，这使得他徘徊于爱恨情仇之间。这些观点一次次发表出来，每一次都有所增补，把它们综合起来，则形成对哈姆雷特更全面、更丰满的认识。要研究哈姆雷特，深入挖掘他的人性，理应占有所有反映这些观点的数据，而不是局限于某一方面的资料。

（5）参考资料与学术研究的继承性。

学术研究像在交接接力棒，后来的人应该从接到接力棒的地方开始起跑，而不是从头开始跑。任何一项研究任务，不应该是重复劳动，不应该是努力去发现别人已发现的新大陆，而应该是在前人的或已有的研究成果的基础上继续探索。占有资料就是接过别人手中的接力棒，以便在已有的研究成果的基础上开始新的工作。

无独有偶，唐代诗人杜甫有“读书破万卷，下笔如有神”的诗句，表明即使是在诗歌这种创造性与感受性极强的文体的创作过程中，也离不开对前人的继承。论文写作这类研究性质的工作，更应该注重参考资料的占有和利用。

第二节　毕业论文资料的收集

撰写论文首先要能从浩如烟海的文献中搜寻自己需要的资料，选取有用的知识。占有资料的前提是搜集资料。为了有效地搜集资料，学生在搜集资料之前应该了解资料的现状、类型和搜集的途径。

一、文献爆炸时代

如今这个时代，资料是十分丰富的，有人称这是一个“文献爆炸”的时代。随着文化教育水平的提高，越来越多的人参与到研究活动中，于是产生了大量的文献信息。有人形象地称这一现象为文献、知识、信息的“爆炸”。

20 世纪是人类科学技术迅猛发展的世纪。据统计，仅 20 世纪 50 年代至 70 年代末期，人类的创造发明就超过了过去两千年的总和。

科技进步在知识传递领域的直接结果表现为“文献爆炸”和“信息爆炸”。几百年前，世界上只有很少的人能够阅读和从事写作，自 20 世纪 50 年代以来，地球上居住的人类超过了以往任何一个时期，形成了“人口爆炸”的现象。而更多的人接受教育，从事研究和写作，导致大量的文献信息产生，出现“文献爆炸”“信息爆炸”“数据爆炸”的现象。

清乾隆三十七年(1772 年)开始纂修的《四库全书》，收入图书 3461 种，存目中又收入图书 6793 种，这 10 000 余种图书基本上包括了清乾隆以前中国古代全部的重要著作。如今全中国一年出版的书刊即可逾 20 万种，全世界年出版书刊达 80 余万种，出版报刊达 12 万种，而且增长的速度还在加快。据美国加州大学伯克利分校彼得·赖曼和豪尔·魏尔的报告，如此巨大的印刷品出版数量，也只在全球每年产生的信息量中占 0.003％。因此，“文献爆炸”为毕业论文提供的可用材料越来越多。

二、资料类型

在论文写作的准备阶段，涉及最多的概念之一就是资料。和资料相关的还有材料、题材和素材等。这里有必要对它们的内涵和外延做一个简单的介绍，以帮助大学生在资料的收集整理过程中做到正确区分、准确把握，为毕业论文的写作做好充分的准备工作。

“材料”是指作者为写作需要而收集的一系列事实和事例，如人物生平、事件、数据、公理、名言等。有人把论点比作一篇论文的灵魂，那么材料就相当于论文的血肉。无论是一般文章还是毕业论文，生动、典型的材料都是必需的，它对文章主题的表现起着重要作用，也是一个论点产生说服力的重要保证。材料是一个比较宽泛的概念，包括各类文体写作所需的各种资料。

“资料”主要是指用于科学研究活动中，撰写学术论文、实验报告和其他科技文章所需的材料。和一般材料的区别在于，资料是指经过不同程度的加工整理后的材料，主要指书面材料，所以它和材料是两个既有关系又有区别的概念。

“素材”是指作者从现实生活中收集的、未经加工整理的、感性的但也是分散的原始材料。它们不能直接用于文章写作中，必须经过必要的集中、提炼、加工、改造才能形成有用的材料。

“题材”指文艺作品中反映的生活领域，或者指一篇作品中表现的生活现象。

对毕业论文写作而言，需要把握好前面两个概念。

现代文献资料的范围不再只限于传统意义上的图书，资料的类型不再是单一的，而是变得复杂起来。现代文献资料增长速度快，出版数量大，时效性强，内容交叉重复。现代文献资料的分类具有多重划分标准，毕业论文材料通常用到的划分标准和类型如下。

(1) 就载体形式和记录形式而言，它不仅包括印刷品，还包括其他形式，如缩微胶片(卷)、音像磁带和光盘、计算机光盘、影印文件、复印资料、电影片、手抄本、盲人读物、幻灯片、唱片、乐谱、图画、地图和网络数据等。

(2) 就编制目的和出版形式而言，有科学专著、通俗读物、期刊、教材、工具书、科技报告、政府出版物、会议文献、专利文献、技术标准、学位论文和产品样本等。

(3) 就文献内容而言，有各种形式、各个学科的书刊文献。

(4) 依照文献资料加工层次区分，有一次文献、二次文献和三次文献等。

写作毕业论文用到的材料的参考资料类型，主要是印刷型和计算机可读型的期刊和专著，以及网络数据。

三、搜集资料的途径

占有材料多多益善，这样能为毕业论文的写作提供较大的选择余地，为观点的提炼提供基础。但是，对学生撰写毕业论文来说，没有资料肯定无法写作；而资料太多也容易眼花缭乱，无所适从，不知道从何下手。所以，要对资料的范围进行确定，才能顺利完成资料的收集工作。一般说来应从以下几方面去收集资料。

1. 社会生活的途径

对收集资料而言，社会生活永远是一个重要的途径，社会生活犹如浩瀚的海洋，能提供各类资料。作者要具备观察、体验、调查采访等方面的能力，才能获得丰富的材料。观察有科学观察、艺术观察等形式。对毕业论文的资料收集来说，主要应掌握科学观察的方法。科学观察是指人对客观世界的科学认识，以认识自然界和人类社会的规律为主要目的。这就要求学生平时应注意对社会生活的关注和了解，以客观的心态去获取各类信息，研究社会发展的规律。这样既能获得相关的资料，又能锻炼自己参与社会活动的能力。特别像经济、教育、文学、新闻等专业的学生，更有必要多关注社会的现实发展，及时把握其变化和规律。

除观察外，还要学会体验，即用全部身心去感受客观存在的生活、事物。德国伟大诗人歌德说过："依靠体验，对我就是一切，臆想捏造不是我的事情。我始终认为现实比我的天才更富于天才。"（《歌德谈话录》）只有加强对客观事物的感受和体验，才能激发对社会生活的热爱之情。虽然毕业论文写作主要依靠理性精神来把握生活与现实，但也不排除写作主体对生活的感情。只有体验过生活，才会更有切身的感受。比如，社会的发展进步、人民经济收入的提高、科学技术对生活的影响等，都需要有切身的感受，并从生活中获得具体的事实和数据，这样才能进入研究的阶段，从现象中探索出规律。

除前面说到的观察、体验外，在社会生活中收集资料，还可以采用调查采访的方法进行。调查采访是指有目的、有计划地采集写作材料的一种有效方法。它要求收集者亲自深入社会，用开会调查、问卷调查、观察、采访等方法获得第一手材料。当年马克思、恩格斯撰写他们的经典著作时，就曾经对 19 世纪德国、英国、法国等资本主义社会的工人阶级斗争做过深入细致的调查研究和考察，在掌握大量第一手材料的基础上提出了自己的观点和看法。毛泽东在写《湖南农民运动考察报告》时，亲自深入农村，对农民的生活现状有亲身体验和感受，提出了"农民运动好得很"的观点。这些生动的事例都在说明，对很多学科专业来说，社会生活永远都是一个获取材料的宝库，关键在于有没有深入实际的勇气和信心，以及是否掌握好相关的方法。

2．文字资料的途径

文字资料主要指第二手资料。在科学研究中第一手资料和第二手资料同样重要。前者是自己的亲身感受、体验所得，后者是对他人成果的学习和借鉴。

获得文字资料的途径很多，但是最主要的是要学会对图书馆的利用，这是获取文字资料的重要途径之一。前人留下的资料种类繁多，可以为撰写毕业论文提供很多参照和佐证，起到事半功倍的作用。所以，要学会熟练地查阅图书资料的方法，提高收集文字资料的能力。

首先，要学会查目录。目录是查阅图书资料的重要工具，可以缩短查找时间。目录是按照书刊名称、编著者、出版社、年代、内容、收藏等内容编制而成的。按检索途径可以分成“分类目录”“书名目录”“著者目录”和“标题目录”等。图书目录可以着重检索《全国总目录》和《全国新书目》等。掌握目录的查找，可以大大提高收集文字资料的效率。

其次，要学会查索引。索引是引导研究者检索书刊资料的重要工具，它将大量处于分散和无组织状态的书刊资料进行编排和积累，形成一个检索系统，方便研究者迅速查阅到自己所需的资料。中华人民共和国成立后，综合性报刊资料、影响较大的索引类工具书有以下几种：《报章杂志参考数据索引》，由江苏省立教育学院研究部资料室编，这是中华人民共和国成立后最早编制的报刊索引。《全国报刊索引》，由上海图书馆编，1956 年创刊，现收入期刊资料 40 000 余种，报纸 200 余种。1990 年成立的《全国报刊索引数据库》为目前全国中文社科报刊文献篇名数据库之最。另有《人大报刊数据目录索引》，由中国人民大学书报数据中心复印报刊刻录数据光盘，人大书报资料中心出版，包括文学、历史、哲学、马克思列宁主义、法律、经济、文化、教育、地理、科技、出版等学科的资料，可以为研究者提供广泛丰富的数据资料。

3. 学会使用工具书

工具书有帮助人们掌握概念、增加知识、提供资料线索等用途。工具书的种类繁多，但常用的工具书应该熟练掌握。例如字典类，从最常用的《新华字典》到《康熙字典》《中华大字典》《汉语大字典》等，都可以为研究者提供必要的帮助；再如辞典类，汇集了语言中的普通词语和专门词语，常用的有《辞海》《汉语成语大词典》《中国人名大辞典》《中国地名大辞典》等；此外，还有“百科全书”“年鉴”“年谱”“年表”等。每种工具书都有具体的检索方法，只要认真学习，很快就能掌握。它们对研究工作来说，都有重要的作用。

4. 声像资料

声像资料主要包括图画、摄影、录音、录像、电影和电视等。对一些特殊专业来说，声像资料可以保存一些受时间限制、容易消失的资料。充分利用现代科技手段可以使这些资料得以留存下来，为研究提供方便。比如，民俗研究中的田野调查，如果能保留下一些声像资料，将会使研究更具说服力。

四、搜集资料的方法

收集资料的方法有很多种，特别是当下，电脑、网络等工具都为资料的收集提供了新的方法和途径。但是，对于毕业论文的作者来说，很多时候还是需要作者亲自动手、动脑的，任何科技手段都不能代替人脑的作用。下面几种具体方法是研究过程中经常使用的。

（1）做好资料卡片。这是一种很传统的收集资料的方法，是指将重要的观点、材料记录于卡片上，便于查阅。它的好处是方便分类、保存、查找和使用。以前做研究的学者，大都积累下大量的资料卡片。随着科技的发展，资料卡片的方式正在经受挑战。也有人借鉴它的形式，将资料在电脑中进行分类保存。但是，卡片资料也有它的长处，那就是方便、快捷，不受条件的限制随时可以查阅。学生可以考虑使用这种方式来积累资料。

（2）做好阅读笔记。著名数学家华罗庚说过："聪明在于勤奋，天才在于积累。"阅读笔记是积累知识和材料的最好的办法，也是收集资料最简单、最便捷的方式之一。作为毕业论文的作者，每个学生都应该准备一本专门的笔记本，记下从选题开始的每一个步骤和过程，这也是自己思想和观点从萌芽到成熟的过程。另外，应该记录下阅读中的感受与体会等，还可以记录一些报刊上的相关资料及摘录。在毕业论文的准备阶段，多记录一些资料，对写作是很有好处的。手勤才能脑勤，二者是互相促进的。

（3）做好剪报资料的收集。在阅读报刊的过程中，将有用的资料进行剪贴，可以节省抄写时间，但前提必须是自己所用的报刊。对于图书馆或者他人的报刊，只能采用复印的方式来收集、整理资料。

以上几种收集资料的方式各有所长，但都可以为撰写毕业论文积累所需的资料。收集资料的过程也是一个鉴别、判断的过程，必须学会围绕毕业论文写作的需要展开资料收集工作。同时，要注意从中学习领会别人的观点和思想，在理解的前提下进行收集和转述；还要注意注明资料的来源、出处、作者等信息，以免侵犯他人的知识产权。

五、收集资料的原则和标准

收集资料最终是为表现毕业论文的中心论点服务的。所以，在收集资料时就应该考虑到这个目的，在一定的原则和标准下进行收集活动，使之能为写好论文发挥最大限度的作用。

（1）选用最能表现主题的资料。对一篇毕业论文而言，主题就是中心论点，它是一篇文章的统帅和核心，也是作者从现实中通过观察体验提炼出的思想和观点。它需要通过有典型意义的资料得到深入表现。所谓典型意义，指的是所用资料能够深刻反映事物本质，具有广泛的代表性和说服力，用到文章里面能起到以少胜多的作用。所以，将有典型意义的资料用到毕业论文里面，才能表现好主题，深刻揭示事物的本质。

（2）选用真实、准确的资料。毕业论文里所用资料是否真实、准确，直接影响到能否对论点进行正确表述，能否对事物本质进行深刻揭示。只有通过真实、准确的资料，才能得出正确的结论，也才能体现出学术的严谨。这里的真实性和准确性，指的是社会生活中存在的现象、事物、数据，它们必须经得住检验。理论文章的思想、观点都必须建立在可靠的证据之上，才能产生说服力。论文都会产生一定的社会意义，本着对社会负责的态度，也应该在论文的真实性和准确性上多下功夫。特别是一些事实、数据，更是要认真核实、查对，一定要杜绝虚假和欺骗。真实、准确的资料也是保证一篇文章具有感染力和说服力的重要因素。学术论文是说理的文章，要想说服读者接受自己的观点和思想，就必须在使用资料上体现出严谨求实的态度。

(3) 选用新颖、生动的资料。文章写作最忌讳陈旧的观点与思想，这和作者使用的资料之间存在一定的联系。陈词滥调总是会令读者生厌，新的思想和言辞才会吸引读者。新的思想、观点应该来自作者对社会生活的参与、观察和理解。只有这样，才会收集、提炼到具有时代生活气息的、新颖生动的资料。同时，作者还应具有发现和创造的眼光，善于从旧的资料中发掘出新意，做到推陈出新，也能给读者以启示。

第三节 毕业论文资料的整理

毕业论文的作者在一定原则和方法的指导下，广泛进行论文资料的收集。但是这些资料被收集起来以后，是不可能自己形成一篇毕业论文的。搜集到的文献信息需要加以整理，或者叫经过“去粗取精、去伪存真、由此及彼、由表及里”的提炼过程，才能作为撰写论文的参考和依据。这个过程也需要作者认真对待，尽量使手中的资料条理化、系统化、明晰化。一般来说，这个过程需要采取以下步骤。

一、鉴别与取舍

鉴别与取舍主要指在一定原则的指导下，对手中资料的真伪进行鉴别，避免出现虚假资料。应对搜集到的文献进行分类，把有用的资料按内容异同加以集中或分类；与此同时，把无用的或参考价值不大的资料加以剔除。

首先，要认真辨析手中拥有的资料是否客观、真实，是不是生活中真实存在的事物或现象。其次，要考虑资料所能达到的主观真实性，即从它与其他事物之间的内在联系上去发掘本质，看它能否达到揭示事物本质的目的。鉴别资料要求手中的资料一定要丰富、全面、具体，这才能对众多资料进行去伪存真的鉴别，以保证论文学术性的实现。对那些虚假的资料，一定要舍去。对一些虽然真实，但不够典型、新颖的资料，也要考虑其实用价值和在论文中所能发挥的作用，尽量不用或者少用。

二、分类整理

鉴别与取舍只是去掉价值小或无价值的资料，而资料本身还是处于分散和凌乱的状态。为了方便毕业论文的写作，有必要对资料进行分类整理，使其呈现出系统化、条理化的状态。学生可以通过阅读和研究资料，鉴别资料和数据的新颖性和适用性，用有序排列、摘录、做卡片和在电脑中设立专门文件夹等方式建立参考文献档案。

分类应在文章写作的需求下进行。在研究过程中可把资料作以下分类：理论类，包括概念、科学定理、本人根据资料提炼出的观点态度，以及名人名言、成语、常识等；事实类，包括和论文相关的事实、事例、各种数据、图表等内容；随想类，主要记录作者思考问题过程中的感受、体验。这样的分类可以供毕业论文写作时参考，它并不要求细致和严密，只是按写作范围理出一个线索，方便下一步的写作。

学生可以根据搜集整理出来的文献信息，再次考虑最初确定的选题、写作计划及论文纲要，从参考文献中得到启发和依据，以此订正选题，补充写作计划，细化论文提纲，开始论文写作。

扩展阅读

在学术研究中，研究资料的收集与分析是学术研究的基础，如同文献有一次文献、二次文献和三次文献一样，研究资料也可分为第一手资料、第二手资料、第三手资料和准第一手资料。第一手资料对于学术研究极具重要性。因此，搞清楚第一手资料有哪些特点、如何区分第一手资料、为什么必须使用第一手资料、使用第一手资料应注重哪些问题等就显得十分必要了。从性质特征上来看，第一手资料具有本源资料、原始资料和经验资料三大特征；从学术价值上来看，第一手资料有助于学术创新、学术发现并最具真实原貌和完整性；从使用方法上来看，需注重第一手资料的全面性、多样性，并秉持怀疑精神和认真核对的态度，这对准第一手资料的使用提出了要求。

材料来源　王世伟．论学术研究中第一手资料的特征及使用的若干问题[J]．情报资料工作，2022，43(06)：104－109.

第七章

毕业论文的构成形式与行文格式

一引其纲，万目皆张。

——《吕氏春秋·用民》

第一节　毕业论文的基本结构

经过研究者们的长期实践，论文的写作已经形成一些比较固定的基本模式可供学生学习和模仿。因为它们并非某一人的经验所得，而是体现出人类的思维规律，并逐渐固定成形，在实践中也得到了进一步的完善和提高。毕业论文的结构形式一般分为引言、正文和结论，大体沿着提出问题、分析问题、解决问题的思路展开。

一、引言

引言又称前言或导言，是学术论文的开头。它有统领全文的作用，一般需要在引言中交代写作动机，提出主要问题，对全文做概括性的论述。

(1) 交代写作动机：主要说明研究这一课题的理由、意义，用简洁的语言向读者展现作者的研究背景和具体研究的问题即可。

(2) 提出主要问题：这是对全文核心内容的概括和提炼，所提问题一定要明确、具体。可以对这一课题的情况做简要介绍，如前人的研究成果需要突破的地方，以及自己的研究所能达到的程度；也可以对自己将要采用的论证方法做简要说明。

如果论文篇幅较长，内容比较复杂，也可以在引言中对正文部分将要展开的内容、方法做简要介绍，让读者对全文有一个整体性的印象。

引言部分一般只有几百字，在全文中占的比重较小，却能起到统领全文的作用，所以语言上要尽可能地简明扼要。

二、正文

正文是毕业论文的主体部分，要对引言中提出的问题从不同角度进行分析、论证、阐释，体现出研究者对问题的研究成果和思想观点。

有的毕业论文从论点上看比较有新意和创造性，但是如果正文部分没有被认真对待，论证不够充分，得出的结论就不会有说服力，论文的质量也会大大降低。作者一定要根据论点的需要，组织好相关资料，使论点和论据之间体现出严密的内在联系，使论文既能“言之有理”，还能“言之成理”。

正文部分经常采用的结构方式有以下几种。

(1) 直线推进结构。这是一种以直线方式推进、逐层深入的结构关系，层次与层次之间呈现递进的逻辑关系，最后得出结论。

(2) 并列式结构。这是一种并列、平行的结构关系，提出中心论点后，从不同角度进行论证，各分论点之间呈现出一种横向的内在关系。

(3) 综合结构。篇幅比较长、内容比较复杂的学术论文可以综合运用以上两种结构方式。有的是在并列式结构中包含直线推进结构，有的是在直线推进结构下又采用并列方式。总之，采用综合结构是为了更好地表达论文的观点。

三、结论

结论是毕业论文的结束部分，应该体现出正文部分论证的必然结果，对全文进行归纳、总结、概括。经过正文部分的分析、阐释，引言部分提出的问题应该得到解决，有一个明确的结论。而这一结论应该是由正文部分自然得出的，不能脱离正文的论述，得出不相干的结论。首尾之间应该呈现出连贯的逻辑关系。

结论的语言既要简洁明了，还要语气中肯，不能用含糊的词语，给人模棱两可的感觉。对课题中没有解决完的遗留问题，以及研究中的心得体会也可以做简要概述。

结论部分在全文中占的比例和引言差不多，不宜太长，而且注意要和引言有所呼应，体现出作者思维的连贯性和严密性，使文章有整体感。

第二节　毕业论文的章节、段落和层次

一、章节及各章标题

毕业论文正文按章、节撰写，每章应另起一页。各章标题要突出重点、简明扼要，字数一般在 15 字以内，不使用标点符号。标题中尽量不采用英文缩写词，若必须采用，应使用本行业的通用缩写词。毕业论文的层次应根据实际需要选择，各院校对层次代号格式的规定不尽一致。

二、段落

段落和层次是毕业论文结构的核心，段落叫作“自然段”，层次叫作“意义段”。段落是文章结构的单位标志，一段一个意思。段落还有一些特殊的作用，如过渡、转折或强调各分论点等。

一般来说，每段都有自己的“段意”，段落划分的长短，虽然没有一定的标准，但是段落的长短一定要适度。段落的长短同文章篇幅的长短有关，如长文章的段落可以相对长些，短文章的段落可以相对短些。通常毕业论文的段落相对其他文体要长一些。如果段落过短，会影响对某一问题或论点论证的展开；但若段落过长，叙述或议论分散，势必会造成论文结构失衡，也会给读者的理解造成困难。例如，有些大学生的毕业论文在结构方面的很明显的缺点是段落过长，每个自然段有上千字之多，读起来不仅费力，有时还不知所云。从技巧上来说，这是不善于划分段落造成的，该另起一段的时候没有另起一段；从思路上来说，是层次不够清楚，几个意思纠缠在一起，理不清头绪。

三、层次

层次是指毕业论文内容安排上的先后次序，也是毕业论文展开的步骤，它是学生写作思路的直接反映。层次一般表现出事物发展的阶段性，或是客观矛盾的各个侧面，或是某一论断所包含的几个方面，或是人们表达思想的先后步骤。层次是一种有机联系，而非形式上的、人为的联系。因此，要特别注意事物本身的层次，或议论的问题自身矛盾发展的层次。要做到这点，就要熟悉事物，分析问题之间的联系，而不能单纯凭主观去臆断毕业论文的层次，以避免行文中的“颠三倒四”或“主次不分”。

在毕业论文中，比较常见的安排层次的方式有以下三种。

（1）递进式，即论文的各层意思之间是层层推进的关系。也就是将所研究课题的实施过程或各个分论点作为中心论点的论据，呈现出一种纵向联系的层次关系。

（2）总分式，即采用“总题分述”的方式，先概括起来说，再分开说；或者先分开说，最后再总结。

（3）并列式，即论文各层意思之间是并列关系，各分论点的段落相互平行，从各个不同的角度论证中心论点，各个分论点呈现出一种横向的内在联系。

四、层次和段落的密切关系

一般情况下，层次着眼于文章内容的划分，段落侧重于文字表达的需要。它们之间有时是一致的关系，即文章段落的划分正好反映内容的层次；有时，层次大于段落，即几个自然段表达同一个层次的内容；有时，段落大于层次，即在一个大的自然段里，又可以划分为若干个小层次。

五、过渡和照应

文章是一层一层递进，一段一段展开的。为了使它脉络贯通，线索分明，上下前后浑然一体，经常需要在某些部位安排“过渡”和“照应”。

所谓过渡，是指上下文之间的衔接和转移。缺少必要的过渡，毕业论文的各个部分、各个层次之间可能脱节甚至松散。一般在论文由总到分、由分到总的开合关键处，或者在论文内容的转折处，都需要过渡，从而起到承上启下的作用。过渡的形式有过渡段、过渡句或连接词语等。

所谓照应，是指前后文之间的相互关照、呼应。前有交代、后有照应，或前有“伏笔”、后有照应。

过渡和照应不仅能使论文上下前后内容连贯、结构紧凑，而且是论述逐步深入的方法。在句与句之间，段与段之间，开头与结尾之间，或正文与开头、结尾之间，这些必要的地方都应该安排某种形式的过渡和照应。如果论文缺乏必要的过渡和照应，或过渡牵强，照应欠妥，就会造成结构的脱落散乱。

第三节　毕业论文行文的格式要求

论文主体部分，就形式而言，主要指论文文本本身。它包括论文的引言（或导论）、正文（论述与论证）、结论、注释，以及写作论文所引用的和作为依据的参考文献等内容。写作论文所支付的主要劳动和工作量，有关学术研究的选题、水平、方法、过程、成果和价值，都在这一部分得到体现。

一、论文的前置部分

论文的前置部分是指形式上置于论文主体部分之前的组成部分。它们虽然在形式上置于论文主体之前，实际上却形成于论文主体完成之后，因此这里把它们放在论文主体部分之后加以叙述。论文以单行本形式发表时，前置部分包括论文的封面、题名页、摘要、关键词、目录、插图、附表清单以及有关符号、缩略词、单位、名词术语的注释表等方面。但就论文的写作而言，前置部分实质性的内容只包括题名、作者、摘要和关键词。

1. 题名

论文的题名即论文的标题或篇目，通常置于篇首。它是以最简洁而合乎逻辑关系的语词对论文主题和内容进行描述，是表现论文主题、反映论文内容的重要标识之一。读者往往首先通过题名关注和了解一篇论文，也通过题名查找、检索论文。

论文标题要求准确、醒目。准确是指论文题目要有针对性，与论题和论文内容完全相符。论文标题也要求简洁明了，简洁是指题目一般不宜过长，要以较少的文字(最好限定在20字以内)表达对论文主题和内容的描述；明了是指能够明白清楚地表达主题，使人一看题目就明白论述的主题和内容。论文题名还要求规范，规范具有两重含义：一是格式上的规范，题名应该置于正确的位置；二是语词规范，有关的名词术语、缩略语、翻译语词等要用常用的、约定俗成的和工具书指定的，以避免读者对题目不理解或造成歧义。

论文题名如果不恰当，将会给论文的阅读、检查和交流带来负面影响，使得论文及其研究成果的价值彰而不显。论文题名设置得当，让人一目了然，一看就会被吸引住，这才使题名或篇目真正具有“画龙点睛”的效用。

2. 作者

作者项列于题名之下、文摘(或提要)之上。一般研究论文，在作者的署名下面需要反映作者的工作单位及其地址、邮政编码。作者的姓名在写研究论文时情况会比较复杂一些，因为一篇论文往往可能是多人合作的结果，需要确定第一作者和其他作者。而毕业论文一般由学生独自完成，作者署名理应只署一人。工作单位和邮政编码则换成作者所在班级和学号就行了。

3. 文摘或提要

文摘或提要是论文内容的缩写或简略概述。在文章之前通过少则数十字，多则不超过三百字的概述，就能让读者知悉文章的全貌，以及研究工作的目的、意义、对象、方法、结果。读者通过阅读文摘或提要，在很短的时间内就能准确地了解文章的基本内容，从而决定是否阅读全文。

文摘和提要的功用相同，分别具有自述性或描述性短文的性质。体式应采用文摘还是提要，要作具体分析。一般而言，理工科或应用学科的论文，适宜采用文摘的体式；人文学科和社会科学的论文，适宜采用提要的体式。

在方法上，文摘是对文章客观的缩写，不加任何主观的评议和语言；提要则是以简洁的文字介绍文章内容梗概，常采用描述性语言，带有一定的主观色彩。

4. 关键词

关键词是依据文章内容选取的一种主题词。论文课题无论属于哪一个领域，其内容都可能涉及多重主题，可以标引多个关键词。关键词的选取有助于图书馆管理员在编制检索工具时更准确地标引文献，也有助于读者从不同主题的角度查看同一文章。例如，《三峡电站容量电量合理分配的经济论证》一文，探讨了三峡电站容量电量的合理分配，分析了各种影响因素，建立了解析模型。根据计算分析，作者认为分配给华东地区的容量小于总容量的一半，而电量大于总电量的一半，是经济合理的。该文的关键词确定为“电量、装机容量、备用容量、重复容量、工作容量”。当该文收入检索工具书或提供网上查阅后，读者可从这些关键词查找到这篇文章。

关键词通常是反映文章主题内容，从论文学科的自然语言词汇中选出来的、具有实质意义的、未经过规范化的主题词，是用作文献标示主题和检索的名词和术语。论文作者为自己的文章选取关键词时，应分析论文内容涉及的专题和多个相关的主题，用简洁的词语做成关键词。一般有几个主题就做几个关键词，数量一般限定在3～8个。

二、引言的格式与要求

引言又称前言、导言、序言、导论。在一篇完整的研究论文中，开门见山的引言具有三重意义：扼要说明本文及其研究课题的目的和范围；说明所做课题在国内外开展研究的情况，以及所涉及的领域、目前的知识空白；说明研究条件、方法和理论依据，以及预期的研究成果、意义。

引言具有概述一篇论文的作用，但它不同于摘要。摘要只是告诉论文的梗概，而引言则要介绍背景知识和形成论文梗概的原因；摘要是缩写全文的内容，而引言只需涉及论文和研究工作的重点，专业常识不必赘述。

引言在正文之前，具有导读全文的性质，文字要简练，叙述应提纲挈领、脉络清晰、言简意赅、一语中的。引言篇幅的大小同研究工作的复杂程度和论文的篇幅有关，一般来讲，从不足一百字到几百字不等，最多可达上千字。

《禅思想的形成和发展》(日本爱知学院教授镰田茂雄)的引言如下：

作为一个中国佛教的研究者，我时常思索着如何通过中国的宗教来把握中国人的观物方式。不过，这里我只想以中国的禅文化为中心来讨论有关禅思想的形成及发展问题。

即便在中国佛教中人看来，禅也是非常难以理解的。现在日本的临济禅主要是白隐禅。如果想以白隐禅的方式来了解中国禅或读通《临济录》，恐怕不但难以把握临济的精神，对中国禅也只会得出一个错误的结论，或者还可以说，以道元禅师的思想去理解中国的曹洞禅，也会产生同样的错觉吧。那么，怎样才能做到尽可能避免误读误解，逼近中国人所创造的禅呢？大概会有不少难点。读《临济录》时就会发现，其中既无一句讲坐禅，也无一句涉及公案，它所追究的实际上是人类的存在以及真正的自由这样一些问题。

引言在论文中一般单列为一节，与正文连续编号、序列。如果论文篇幅短小，也可不必单列“引言”一节，只要在正文之前写一段起到引言作用的文字即可。

《原典精神与近代化运动》(冯天瑜)正文前的文字如下：

有一种解释中国近代化进程的理论叫作“冲击-反应”论，认为中国社会本是一个封闭自足体系，只是受到西方冲击以后，方被动反应，勉强走上近代化历程，西方的经济、政治、军事、文化影响是中国近代化的唯一动力。这种理论是不符合历史实际的。中国的近代化运动并不只是单受到西方物质与精神力量的冲击方运行起来的，而是西方冲击与中国社会的某些固有因素相结合，彼此激荡，相反相成的产物。

关于西学对中国近代化运动的影响，人们以往多有论列，今不赘述；关于中国近代化运动从中国古学那里获得的精神启迪却一向所论不详，又因为这个问题涉及面甚广，本文不能全面展开，只拟就“原典精神”对中国近代化运动的濡染熏陶，以及中国近代化运动对“原典精神”的磨砺发扬略陈管见。

三、正文的格式与要求

正文是一篇论文的主要部分，也是论文篇幅的主要部分。科学研究的论题、论点、论据、论证和研究成果的表述，都包含在正文中。科学研究和写作的主要工作量，包括实验、调查、参考资料的应用等，也包含在正文中。

论文正文紧接引言之后。正文的标题为二级标题，一般有多个标题，与引言连续编号。由于受研究课题所属学科范畴的性质和由研究对象所决定的论文体式的影响，论文正文的结构存在着很大的差异。也就是说，正文标题的多少、标题之间的逻辑关系、正文的内容和表述方式，都应该视研究课题的性质和学科属性、研究对象的性质和论文体式的需要而定，没有统一的要求。

四、结论的格式与要求

论文正文之后一般要有结论(或称结语、结束语等)部分。结论部分标题单列，紧接正文之后，与引言、正文统一编号。

结论部分是一篇论文总结式的文字，包括对研究成果的认定和评述，即本文在理论或使用范围方面有哪些新的贡献，解决了什么问题，哪些是创新的，哪些是对已有研究成果的补充、修正与证实，它的意义是什么，以及这一领域内还有哪些问题尚待解决等。

结论要求服从正文或课题研究的逻辑关系，措辞严谨、准确、精练。对选题内已经论证过的问题或已经取得的成果要持肯定态度，对尚需探讨的部分要实事求是，宁肯结论不完整，也不可妄下定论。

《禅思想的形成和发展》(日本爱知学院教授镰田茂雄)结束语如下：

追述中国禅思想的形成与发展，我以为必须有更加开阔的视野，从它怎样以道家思想为基础及其与道教及朱子学有何关系等方面入手。近年来敦煌学典籍的发现，提供了更精细的文献学即禅宗史学资料，这必将促使人们进一步去认识禅，从这个印度般若智慧与中国人寻求解脱的愿望绝妙地结合在一起所产生的禅，可以捕捉到思想史上的重要信息，这也是我今后打算从事研究的课题。在今日社会里，怎样使现代生活保持新鲜活力，是一个十分重要的问题，禅所显示出人类的一种存在方式，在今后的思想发展道路上，不也正具有它独特的启迪意义吗?

在这则简短的结束语里，可以解读作者对正文的概括：① 从以中国本土宗教思想史上起重大作用的道家思想去寻求中国禅的思想基础；② 从禅和道教、朱子学的关系去认识禅的发展，去认识印度般若智慧同中国人寻求解脱的愿望的绝妙结合；③ 禅作为人类的一种存在方式，对现代生活保持新鲜活力具有特别的意义。

五、致谢

论文在导师的指导下完成，某一部分可能同其他人有合作关系，或者在研究工作、论文中的某一方面得到了特别的帮助，或者论文在撰写、引用文献图片资料方面及调查、实验过程中得到过一些专家、同学、合作者、单位的帮助，这些在论文结束的时候都应该致以谢词。谢词应简短、诚挚，有感而发，感谢的对象只能是对本篇论文有实质性帮助的人。

六、参考文献的引用及其格式

1. 参考文献引用的作用

参考文献是科学研究和论文写作的基础。在做研究论文时，引用参考文献具有多重意义：可避免重复劳动和重复研究，使自己的研究工作具备坚实的基础；尊重被引用文献的作者及其知识产权；便于读者区分本文作者的研究成果和被引用文献的成果；将参考文献提供给读者，有利于文献检索、引文统计以及读者进一步的深入研究。

2. 引用参考文献的原则

论文中引用前人(包括作者自己)已发表的文献中的观点、数据和材料等，不是漫无边际的，而是有一些原则可以遵循的。这些原则就是：只著录最必要、最新的文献，不必罗列众所周知的教科书或陈旧资料；只著录公开发表的文献，如果是公开发表文献以外的引录，如对手稿或口头指导的引录，应在谢词中反映；引用论点必须准确无误，不能断章取义；以《信息与文献　参考文献著录规则》(GB/T 7714—2015)为依据，采用规范化的著录格式。

3. 参考文献的引用方式

参考文献的引用有两种方式：一种是随引随注，以注释的方式加以反映；一种是按文中参阅的文献顺序或重要性，在文后将它们集中按规定格式加以著录。

随引随注是通过注释得以实现的。注释又称注解。按注释对象，注释可划分为对引文出处的引录和对文本内有关字、词、句及其他疑点、难点的注释；按注释方法，可划分为文内注、脚注和尾注。后一划分决定注释的位置，是认识注释类型的主要标准。

文内注，即夹注、段中注、行中注或随文注，指在文本中需要注解的文字后面加括号，直接注明引文出处。这种加注方式中断了正文的阅读，但是方便直接阅读释义或引文出处。

脚注又称页末注，在需要加注部分的本页正文下方用一条横线隔开，横线以下称页脚，注释就加在这个位置。这种加注方式不必中断正文，同时无须翻页即可查验引文出处或释疑，是采用较多的一种注释。如果这页只有一个注释，在引文后右上方用①号标出，注释也用①号引出；如果加注的数量在两个以上，则以①、②、③等作序号标出。

尾注又称篇尾注、集中注，即把全文的引文或释疑集中按序号[①②③等或(1)(2)(3)等]排放在篇末(也有按章节集中，排放在章或节之末的)。注释集中排放，方便读者集中了解和检索相关文献资料，但是阅读论文时翻检较为麻烦。

除了随注随引、以注释的方式反映被引用、被参考的文献，还存在着按文中参阅的文献顺序或重要性，在文后将它们集中按规定格式加以著录的方式。这种方式依据规定格式把被引用、被参考的文献加以著录，按与正文对应的序号加以排列，放于全文之后，供读者进一步研究查用。

文后参考文献的著录格式，采用《信息与文献　参考文献著录规则》(GB/T 7714—2015)推荐的顺序编码制格式，包括对参考文献著录项目、著录用符号与格式的规定。每篇参考文献的著录都必须完整、规范，其著录格式和举例如下。

1）著作

作者. 书名[文献类型标识]. 出版地：出版社，出版年.

例 吴学盛. 科学的历程[M]. 北京：北京大学出版社，2002.

2）期刊论文

作者. 题(篇)名[文献类型标识]. 刊名，出版年，卷号(期号)：起止页码.

例 蒋颖. 因特网学术资源评价：标准和方法[J]. 图书情报工作，1988(11)：27－31.

3）会议论文

作者. 题(篇)名：文集名[文献类型标识]. 会议名，会址，开会年：起止页码.

例 桑良重. 电子期刊的管理：21世纪图书馆发展与变革[C]. 中国图书馆学会年会，海拉尔，2000：89－92.

4）学位论文

作者. 题(篇)名[文献类型标识]. 授学位地：授学位学校，授学位年.

例 石静霞. 跨国破产的法律问题研究[D]. 武汉：武汉大学，1998(5).

5）网上检索的格式

论文作者. 论文名称[文献类型标识]. 网址.

例 朱宗震. 中国近代史分期问题新思考[OL]. http://www.cc.org.cn.

需要说明的是，被引用或被参阅文献的责任者、文献题名及版本、文献类型、文献出版事项(出版地、出版者、出版年、卷期号等)和文献出处(包括电子文献可获得地址)等这些参考文献的著录项目分别有一些特别的要求。

责任者项包括主要责任者和其他责任者。主要责任者是指对文献的知识内容负主要责任的个人或团体，包括专著作者、论文集主编、学位申请人、专利申请人、报告撰写人、期刊文章作者和析出文章作者等。其他责任者只著录前3个责任者，姓名之间以“，”分隔；责任者超过3人时，只署第一责任者，其后加“等”字(英文用 et al)。主要责任者只列姓名，其后不加“著”“编”等说明责任形式的文字。外文主要责任者照录原文，姓名书写应尊重各国的习惯。

文献题名及版本项包括论文题名、书名、专利题名、析出题名等及版次(初版不著录)。

文献类型项包括对专著、论文集、报纸文章、期刊论文、学位论文，以及数据库、计算机软件、各种多媒体介质出版物等的著录。

著录文献出版事项包括出版地、出版者、出版年和卷期号等。出版地指出版者所在城市名。出版者为出版社名，可按来源的形式著录，也可以按公认的简化缩写形式著录。出版年用公元纪年，并用阿拉伯数字著录。对于报纸要著录具体日期，对于期刊应著录出版的年、月和卷期号。

文献出处或电子文献可获得地址，包括文献篇名所在文献的页码和网上资料所在的网址等。

浪漫、有光！这些论文致谢太惊艳了

不知不觉
2021年的进度条已经快到终点
对于毕业生来说
马上要开始执笔的毕业论文
是大学生涯的最后一个句号
即使对以后的生活信心满满
也仍需面对来自内心深处的灵魂拷问：
“十二月了，论文开始动笔了吗？”
在毕业论文里
“致谢”大概是最特殊的存在——
它不受格式所拘，充满真情实感
它见证了作者的成长
代表着一路走来的心迹
也蕴藏着一段难忘的人生经历
那些在困厄中给予支持的人
我感谢你的方式
是把你写进我的论文里
“工学者，巧心，劳力，造器物。”
——某工科毕业生的论文致谢词(节选)
“愿良辰美景，有友携行，荡尽不平，理想长鸣。”
——中国传媒大学某硕士毕业生论文致谢词(节选)

第八章

毕业论文的撰写要点

思政寄语

若“风急天高”，则一篇之中句句皆律，一句之中字字皆律，而实一意贯串，一气呵成。

——〔明〕胡应麟《诗薮》

第一节　毕业论文结构的策划

确定毕业论文结构是撰写论文过程中的重要环节，论文结构表现出作者将以何种形式组建全篇。严谨、逻辑性强的论文结构往往反映出作者驾驭文字材料的较高水平，并为接下来拟订提纲及撰写初稿的环节奠定坚实的基础。

一、论文结构的完善

构思论文结构从确定论文题目的方向和搜集文献资料就开始了。论文结构指论文各部分之间按一定的组合关系联结而成的序列形式。组合关系指论文各部分的内在联系或联结依据；序列形式指论文各部分依次排列的先后顺序。

论文材料应用的先后顺序关系到论文的总体布局以及如何开头、如何展开、如何结尾这样一些具有操作性的问题；而论文各部分之间的内在联系则涉及论文的完整性、条理性以及层次、组合方式等问题。在毕业论文进入动笔的实质性阶段，必须对论文的结构形成一个相对完整的构思，并将此构思落实在文字上，以作为撰写论文的基本思路和框架。

1. 明确层次与段落的关系

层次和段落都是论文的组成部分，但两者存在明显差别。层次是作者在表述内容过程中形成的相对完整的意义单位，也叫“意义段”；段落指在书面形式上，以换行为标志的独立部分，也叫“自然段”。

层次的划分，体现了作者基本思路的走向和论文内容展开的逻辑顺序。作者首先要考虑的问题往往是“写几个部分”“从哪几个方面写”“涉及哪几个问题”。这样分类自然就形成了层次。而段落的划分则体现着语言表达上的自然停顿，实际并不完全依据内容的逻辑关系。

层次只能通过一定的段落形式才能表现出来。由于不同的作者有不同的处理方式，所以段落的划分表现出较大的随意性。因此，层次可以大于、等于或小于自然段。也就是说，一个层次有时可以包括几个自然段；有时就是一个自然段；而一个较长的自然段中，有时则可分出几个层次来。

2. 划分层次和段落的注意事项

（1）划分层次的依据要单一。

划分层次的关键不在于用什么样的依据或标准，而在于一个标准能否贯穿始终。一次只用一种标准，划分出的层次就比较合理。在确定层次结构时，如果用了若干个标准，就会造成逻辑上的混乱。毕业论文层次不清楚的一个重要原因就在这里。例如，有些论文一会儿按专业理论成果的发展历程写，一会儿又按理论成果的表现形式写，这就造成了内容的重复、交叉，显得杂乱无章。

（2）各层次的内容要有相对的完整性和独立性。

各层次的内容是否具有相对的完整性和独立性，除了要根据层次之间的关系去判断以外，还应把局部与总体联系起来考虑，即要从各层次与中心内容或主题的关系中去考察各层次的内容是否具有完整性和独立性。一般情况下，论文层次的划分有两种组合形式，即纵式组合与横式组合。

所谓纵式组合，是指按时间顺序或逻辑顺序安排层次，包括按事理展开的逻辑顺序排列和按作者思想发展变化的脉络排列等。这种类型的主要特点是各层次之间是延续或递进的先后承接关系。例如，理工科论文中常见的结构模式为“一、问题的提出；二、实验所用材料；三、实验方法与程序；四、实验结果与讨论；五、结论”；文科论文常见的结构模式为“一、所研究问题的理论综述；二、所研究问题的现状分析；三、所研究问题的对策与措施；四、所研究问题的发展趋势”。这些就是比较典型的纵式结构。

横式组合是学术论文中常见的结构方式。所谓横式组合，是指按空间顺序或事物、事理的不同类别、不同方面安排层次。这种类型的主要特点是各层次之间是依次展开的并列关系。

在论文中，论述并列的几个问题会用到横式组合。作者往往先把要议论的问题分解成不同的因素或不同的方面，然后分别加以论述，其目的是把问题讲深、讲全面、讲透彻。这种基本的操作过程，从层次安排的角度讲，就是横式组合。例如，有一篇题为《企业员工心理健康疗法分析》的论文，从四个方面分析了企业员工的心理健康疗法，分别为：一、企业员工心理现状及影响因素分析；二、企业员工心理健康疗法的基本途径；三、企业为员工实施心理健康疗法的具体措施；四、企业实施员工心理健康疗法中应遵循的原则及应注意的问题。这四个问题呈并列结构。这种结构类型的论文，条理清楚、说理透彻而全面，是初学者易于上手的一种论文类型。

二、论文结构的基本要求

论文的结构以反映论文的中心内容为主旨。结构反映着论文逻辑的严密与否，思路的通畅与否，层次的清楚与否。结构的作用在于把相关的各个部分统一、组织起来，做到首尾圆合、主次有位、详略得当、层次分明、疏密有致、完整统一。

一般来说，作者安排结构时应注意以下几点。

（1）各部分之间力求衔接紧密。

一般情况下，论文结构中的部件按并列关系排列，有时也需要按时间顺序或逻辑顺序排列，目的都在于符合讨论对象内在机理的联系，符合研究和认识事物的常规。不管属于哪种排列，都应合乎情理，连贯完整，脉络贯通，衔接自然。

衔接紧密主要是就层次之间的意义关系而言的。各部分之间的意义连贯、通畅，整篇文章就有了活力、有了生气。古人常讲“意脉贯通”“文气通畅”之类的话，就是强调各层次之间的紧密联系。任何文章都是积字而成句，积句而成章，积章而成篇的。“积”不是简单的、机械的堆积，而是自然的衔接。衔接是否紧密，关系到全文能否形成一个有机的整体，能否表现出鲜明而统一的主题。

（2）合理运用交代、照应和过渡。

交代、照应和过渡是联结层次的常用手段，其主要功能就是增强各层次之间的整体性关系，使各层次更紧密地联为一体。

① 交代：就是上文启下，是对后面内容的预先提示，目的是让有关内容在下文出现时有个铺垫，不至于让读者感到突然。

② 照应：就是下文承上，是一种有意识的对接、扣合，目的是让前面的交代有着落，或是以此为内容的转折点，或是强调某种联结、意义。

交代大多在论文的开头，照应大多在论文的结尾。当然也可以在一章节、一部分的开头和结尾处。交代和照应用在哪一个“点”上，并无一定之规，可以根据需要灵活地运用。但有一个原则，就是要自然、合理、必要。所谓自然、合理、必要，是指交代和照应的运用必须符合问题论述的走向，符合思想内容的逻辑，而不是硬插入结构中的“楔子”。

③ 过渡：是承上启下的中介，其作用在于紧密地联结两个转折较大的部分，使层次之间的转换清晰而自然。过渡的方法多种多样，可根据具体内容灵活处理。在过渡形式上，可以是词语，也可以是句子或段落。

(3) 各部分的分量要大致均衡。

一篇完整的论文一般分成几个章节或几个部分，各章节、各部分的分量不宜差别太大。分量均衡体现在两个方面：层级的均衡和篇幅的均衡。

层级的均衡是指各章或各部分(一级标题)所含的下一级层次(即二级标题)的数量要大致相当。篇幅的均衡是指每部分的篇幅占整个论文的比重不宜过分悬殊，特别是并列关系的层次，字数就更不宜过分悬殊。例如，某一部分有四五千字，而某一部分只有几百字，那么篇幅就失去平衡了。像教材和学术著作一般都比较注重这一点，一章可分成三节或者四节，大部分章节都比较一致，这就显得对称而整齐，平衡而规范了。当然，也不能把形式均衡绝对化，要根据论文内容的需要来安排。单纯追求形式美、硬性搭配，往往会导致内容和结构形式不搭配、不和谐。

总之，结构是思路的具体体现和外在形式，是文章的内部组织构造，通常将其称为谋篇布局。在确立了主题、选好了材料之后，作者根据主题的需要和一定的思路，对材料进行合理的安排，加以系统化和条理化，使之成为一个有机的整体，这就是结构要解决的问题。以文科论文为例，其结构一般可分为宏观结构和微观结构。宏观结构也就是文章的总体构思、整篇设计和大体框架；微观结构则是文章结构的具体内容，包括标题、开头、层次、段落、过渡、照应、结尾、主次和详略的设计等。宏观结构是微观结构遵循的前提，微观结构是宏观结构的具体表现。

第二节　毕业论文提纲的拟定

一、提纲的主要项目与表现形式

论文提纲通常包括以下项目：标题、正文和论证方法、目录纲要。目录纲要由并列的二级标题组成，二级标题下再列出子目(三级)和细目(四级)。四级以上的标题在国家标准《科学技术报告、学位论文和学术论文的编写格式》中分别被称作章、条、款、项。

论文提纲可以写得很简单，列出由章、条、款、项组成的目录即可；论文提纲也可以写得比较详细，这就是不仅要列出章、条、款、项，还要在章、条、款、项的题目之下，用句子或段落写出每一级目次下的内容，必要时也可写出每一级目次下的论点和方法。论文提纲写得简略还是详细，主要由论述对象的性质、复杂程度以及论文作者的习惯而定。

论文提纲的目录纲要是由章、节、条目、子目组成的一个逻辑图表。为了将章、节、条目、子目的逻辑关系固定下来，便于识别，根据《科学技术报告、学位论文和学术论文的编写格式》和其他相关标准的有关规定，应采用阿拉伯数字分级编号。形式如下：

毕业论文提纲分级编号形式

论文题目 ………………………………………………………… 章

1.引言 ………………………………………………………… 节

2.正文标题 …………………………………………………… 节

2.1　二级标题 ………………………………………………… 条目

2.1.1　三级标题 ……………………………………………… 子目

2.1.2

2.2

3.结论

二、提纲内容编写要点

编写提纲，首先要考虑提纲包括哪些内容，要对提纲有全面了解。一般来说，毕业论文的提纲应该包括以下内容。

(1) 题目：应该紧密结合课题或者论点拟题，力求体现醒目、新颖的特点，使之起到画龙点睛的作用。

(2) 中心论点：以简洁的语言高度概括论文观点，使其成为总领全文的中心。

(3) 内容纲要：这是论文提纲的主要内容，包括“大项目”(上位论点)、“中项目”(下位论点)、“小项目”(段旨)。

在突出以上内容的基础上，提纲还可以根据写作需要和作者的个人情况，采用不同方式进行编写，如三段式、项目式、成分式等。

无论用哪一种方式编写提纲，都要注意体现以论为主的特点，做到虚实结合。需要指出的是，提纲对论文写作固然重要，但是也不能削足适履，被提纲所束缚，它并不是一成不变的。因为人对事物的认识不可能一次就完成，也不可能一次就把所有问题考虑周全，而是有一个发展变化的过程。提纲也需要随时修改、调整、补充，使之不断完善。

第三节　毕业论文初稿的撰写

撰写初稿是论文写作的核心工作，一切基础工作都是围绕这项核心工作开展的。正式开始撰写初稿之前，有必要认真检查基础工作和由此产生的工作条件，并且对执笔顺序和写作方法做出选择。

一、撰写初稿的条件

撰写初稿是在拟写论文提纲和相关条件的基础上进行的。拟写提纲完成之后，还应慎重检查所有撰写初稿的条件是否已经具备。撰写初稿的进度和质量取决于这些条件是否准备得充分，同时撰写初稿也是对这些条件的检验。这些条件包括：

（1）选题已经确定，并围绕选题搜集到足够的资料；

（2）通过阅读资料，已经确定论文的立论和研究方法；

（3）通过对参考资料的阅读和思考，对论文的谋篇布局和结构已经了然于胸，并且拟订了论文提纲。

一般来说，论文初稿就是论文提纲的细化和扩展，撰写初稿只要依照提纲写下去就行了。实际上，问题并不是这么简单。撰写初稿在对提纲进行细化和扩展时，思维常常会受到激发而变换认识的角度，或者产生更新的观点，这时就需要重新审视材料，重新选择视角，重新完成局部或全局的构思，甚至修正、更改原先的提纲，朝着新的方向写作。因此，全面检查这些条件是非常必要的。

二、执笔顺序

万事开头难，当准备工作就绪开始写作论文时，常有人感到要写的东西千头万绪无从下笔。这时，可以从以下两种模式中任选一种，开始撰稿。

从引言起笔最符合人们的思维习惯。引言、正文、结论的顺序正好反映了人们提出问题、分析问题和解决问题的思维过程，这也是事物发生、发展和取得结果的过程。写作的内容如果已经过深思熟虑，那么写起来就比较顺手，便于阐明意义，安排结构，做到首尾呼应、文理贯通、一气呵成，写出的文字也较自然流畅，风格一致。

从正文起笔是先写正文，再写结论，最后写引言。这样是先关注研究课题，回过头来再概述课题和提出课题的意义。这样写的好处是，作者的思维一直停留在研究的问题上。从引言入手不知如何下笔的作者，应先从研究问题入手，直截了当，从而很快地进入写作状态。先做完课题，再写引言就比较容易了。

三、写作方式

前期工作都准备好之后，就可以正式进入写作环节。论文初稿一般包含论文的目录、摘要、关键词、正文、结束语、参考文献和致谢等部分。

具体的写作方法大致分为两种：一种是按照大纲的顺序去写作，这个方法适合对全文各部分的内容都已酝酿成熟，各种材料也已准备齐全的学生采用；另一种就是把论文分成若干个相对独立的部分去分别撰写，写完之后再统筹兼顾，将各部分有逻辑地组合成完整的论文，这个方法比较适合写作论点比较清晰，但是写作大纲还没有拟订好的学生。

四、注意事项

无论采用何种写作方式，撰写初稿时都有一些技术性的事项需要注意，如果了解这些事项，事先加以关注，就可以提高写作论文的效率，减少失误，节省时间。这些技术性事项具体如下。

（1）尽量把想到的内容写出来。宁可在修改定稿时对多余的内容进行删减，也不要在修改定稿时由于初稿过于简略而遗漏了某些内容。

（2）尽量保持各章、条、款、项和段落的均衡。撰写初稿时，各部分要做到长短适宜、轻重得当、通体均衡，以保证论文逻辑上和形式上的质量。除非因撰稿内容需要，否则不要随意扩张或压缩文章的某些部分。

（3）根据写作进展的需求，适当调整提纲。写作过程中常常会产生新的观点和新的认识，这时有必要调整、修改提纲，改变写作的方向。当然，涉及结构性的调整时，一定要慎重，要有充足的依据。

（4）边写边加注。引用参考资料要随引随加注，以避免过后花费更多的时间来查找出处。参考文献应按国家规定的标准格式著录齐全。

（5）遇有疑难时，应及时记录在卡片上，留待集中查检工具书解决。如果遇到一个问题就查验一个问题，往往会耽误时间，影响写作进度；如果把所遇到的疑难问题记录下来，集中查询，则可以节省时间。注意所记问题应注明其所在的页码和位置，以便查证后填入。

（6）随时保持良好的写作状态，保持高度集中的注意力，不要因干扰而中断写作。这一方面需要调整和调动个人写作的情绪，冷静地分析不能持续保持良好写作状态的原因；另一方面需要挑选适合写作的时间和环境。

扩展阅读

答北斗杂志社问
——创作要怎样才会好？

编辑先生：

来信的问题，是要请美国作家和中国上海教授们做的，他们满肚子是“小说法程”和“小说作法”。我虽然做过二十来篇短篇小说，但一向没有“宿见”，正如我虽然会说中国话，却不会写“中国语法入门”一样。不过高情难却，所以只能将自己所经验的琐事写一点在下面——

一、留心各样的事情，多看看，不要看到一点就写。

二、写不出的时候不硬写。

三、模特儿不用一个特定的人，而是看得多了，凑合起来的。

四、写完后至少看两遍，竭力将可有可无的字、句、段删去，毫不可惜。宁可将可作小说的材料缩成 Sketch，决不将 Sketch 材料拉成小说。

五、看外国的短篇小说，几乎全是东欧及北欧作品，也看日本作品。

六、不生造除自己之外，谁也不懂的形容词之类。

七、不相信“小说作法”之类的话。

现在所能说的，如此而已。此复，即请编写！

资料来源　鲁迅. 二心集[M]. 北京：人民文学出版社，2006.

第九章

毕业论文写作中常见的问题

思政寄语

《易》曰："君子慎始，差若毫厘，谬以千里"。此之谓也。

——《礼记·经解》

第一节　选题和观点方面的问题

一篇论文总有一个基本观点，它是文章的灵魂。对毕业论文而言，首先要检查它的观点是否正确，而观点的正确与否表现在对选题的提炼以及标题的准确性上。因此，在修改论文中首先要审视选题、标题和观点方面的问题。

一、选题中常见的问题

选题是科学研究的起点，也是论文写作成败的关键，选题的得当与否直接影响论文的质量，也直接影响作者的学术水平、科研能力的运用和发挥。一般来说，选题一经确定就成为比较固定的东西，不可随意修改，只能根据选题确立中心、组织材料、搭配结构。有的学生直到文章最终定稿时才发现选题有问题，只能从头再来。

纵观选题失误的原因，大致有以下两种。

1. 选题过大

选择大而不当的题目是目前学生写毕业论文的一个普遍问题。有的学生贪大求全，总是喜欢写一些诸如《论我国教育的改革与发展》《中国学校教学改革的发展趋势》等大文章，或者动辄就是《论战略研究》《论模式设计》等。由于这类选题涉及面太宽，在写作中难以驾驭，易顾此失彼，因而即使勉强写下来也只是一些浮光掠影的表面文章，论文没有特色，没有理论深度。有的虽然洋洋洒洒写了好几万字，但是问题仍然没有论述清楚。因为这类选题太大太泛，不可能进行深入的研究，这就会使论文流于空泛化和一般化，缺乏立体的、有深度的思维，最后沦为平庸之作。

有的学生认为，选题太小，难以展开分析，几句话就说完了，甚至连基础的字数要求都达不到。鉴于此，可将大题目分解，要学会“小题大做”。所谓“小题大做”，就是要从各种不同的角度、不同的层面展开，分析某些小问题，要多用些具体的材料、事例来证明自己的观点，多用些图表公式来表达自己的观点，必要时还可论述一下这个问题的学说史。这样，既可以使论文更充实、更丰富，也可以使观点更具有说服力。例如，可将《论社会主义市场经济》化解为《论社会主义市场经济的特征》《社会主义条件下市场经济与资本主义条件下市场经济特征的比较》《市场经济的负面影响》等。总之，口子要小，挖掘要深。

题目小，范围相对窄，容易一眼见底。以消费信贷问题为例，如果笼统地写如何开展消费信贷，或如何解决消费信贷发展中存在的问题，当然也可以，但显然会缺乏足够的深度，但是，如果仅仅写消费信贷某一方面的问题，就较容易写出深度，如个人信用制度建立问题、个人信用调查问题、个人信贷风险防范问题或个人信贷保险问题等。选择问题的开口要小，就是说选题在保证有充分的发挥余地的前提下，要尽可能小一些，小一些的问题容易说透，如同尖刀，可以插得深一些。当然，小是相对大而言的，大的选题不是不可以做，关键是要斟酌自己的实力，提倡从大处着眼，从小处下手，落脚点是深度。

2. 选题陈旧

选题陈旧也是论文的一大忌讳，这往往与学生学术功底不深、信息不畅有关。如《我国加入 WTO 的利弊比较》《论改革的重要性》等这类论文，一般与他人观点大同小异，缺乏新鲜感。选题贵在创新，难也难在创新。应在他人研究的基础上善于发现别人尚未提出或尚未完全解决的问题，或是对老问题能站在事物发展的新角度观察，善于翻出新意，提出新论点、新主张。另外，论文的选题最好能从社会需要与研究本身的需要出发，优先选取那些亟待解决的，与现实生活、当代经济与科学技术发展关系比较密切的理论问题和现实问题，用马克思主义观点给予新的解释。古人所言的“发人之所未发”“发人之所已发，而意犹未尽也”是可以作为选题的一大原则提供给大家参考的。如有一篇《开放式多元角色活动美术教学模式的设计和实验》的论文，其“开放式多元角色活动”的教学模式表达了作者当时对美术教学的见解，这一选题既符合素质教育精神和以学生发展为本的概念，又具有新意与价值，能激发其他美术教育工作者阅读的欲望；又如论文《弱智儿童美术教学方法的探索》，由于当时国内对弱智儿童美术教学领域的探索才刚起步，因此这一选题对这一领域的研究具有开创意义，很快便引起了学术界的重视。

二、标题中常见的问题

标题是以最恰当、最简明的词语反映论文中最重要的特定内容的逻辑组合，通常也是读者最先浏览的内容。论文的标题十分重要，必须精心斟酌选定，也有“题好文一半”的说法，所以论文的标题必须准确、鲜明、简短、精练、醒目，这就要求在编写标题时注意以下问题。

1. 忌千篇一律

标题应突出论文的特异性、新颖性，不要千篇一律地套用“研究”“初探”“探讨”“观察”“体会”之类的陈词俗套命题。可以以目的命题、以对象命题、以方法命题、以结论命题等，好的标题往往能给人留下深刻的印象，所以在拟订标题时就要引人注目。如《论自动化在我国工业现代化建设中的作用》，此题名不能引人注目，因为与此类似的题名已经不少，很多文章从不同的角度都在阐明工业自动化的作用，而查看该文却发现其有着十分明显的特点，就是它首次提出了对于这一论题的定量分析的方法，通过建立数学模型和进行一系列的计算，得出了比较有说服力的结论，因此改为《自动化在我国工业现代化建设中的作用的定量分析》，如此就反映了这篇论文的特定内容“定量分析”，使其有别于其他的一般性论述文章。

2. 忌题目过大或过小

标题好比是论文的帽子，不能小脑袋上顶一顶大帽子，也不能让一个大脑袋顶一顶小帽子。标题应紧扣文章的内容，恰如其分地去表述研究的范围和深度，不可夸大其词，以偏概全。例如，一篇论文的标题是《新能源的利用研究》，可实际上文中只讨论沼气的利用问题。沼气只是新能源中的一种，显然原题过于宽泛，因此可改为《沼气的利用研究》或《沼气的利用》。

3. 忌模糊不确切

一些论文标题过于笼统、抽象，看了之后不知论文究竟要论述什么。如《金属疲劳强度的研究》就过于笼统，如果以研究的具体对象来命题，效果会好得多。如《35Ni－15Cr 型铁基高温合金中铝和钛含量对高温长期性能和组织稳定性能的影响的研究》，这样的论文题目，既长又不准确，题名中的 35Ni－15Cr 是何含义，令人费解，是百分含量、重量比、体积比、金属牌号，还是其他什么，不得而知。这就叫题目含混不清，解决的办法就是要站在读者的角度，清晰地点出论文研究的内容。假如上面的题目中，35Ni－15Cr 指的是百分含量，可放在内文中说明，不必写在标题中，标题中只需反映含 Ni 和 Cr 这一事实即可。可参考的修改方案为《Ni、Cr 合金中 Al 和 Ti 含量对高温性能和组织稳定性的影响》。因此，关键问题在于标题要紧扣论文内容，或论文内容与论文标题要互相匹配，即题要扣文，文也要扣题。

4. 忌标题冗长

标题的字数尽量少，用词需要精选。一般来说，一篇论文题目不超出 20 个汉字，英文以 10 个单词以内为宜。如《关于钢水中所含化学成分的快速分析方法的研究》，在这个题目中，如若舍去“关于”“研究”等词汇，并不影响表达。既然是论文，其便包含研究及关于什么方面的研究之意，所以上述题目便可精练为《钢水化学成分的快速分析法》。这样一改，字数便从原来的 21 个字减少为 12 个字，读起来也觉得干净利落。不过，凡事不可一概而论，不能因为一味追求字数少而影响题目对内容的恰当反映，在遇到两者确有矛盾时，宁可多用几个字也要力求表达明确。

若简短题名不足以显示论文内容或反映出系列研究的性质，则可利用设正、副标题的方法解决。

5. 忌用词不准确

标题应准确反映文章的特定内容，故用词应贴切、准确，不能含糊，以免产生歧义。如《煎炸油质量测试仪的研制》一题，在汉语里，“质量”一词有两种完全不同的含义：一种是物体中所含物质的量；另一种是产品或工作的优劣程度。两者毫无关系。从文章内容看，该测试仪是用来测量煎炸油的品质指标，而不是用来测量煎炸油的量的，所以将“质量”改为“品质”表意比较准确。

三、观点方面的问题

观点是作者对所要论述的现象或问题所持有的态度或见解，它是论文写作的立足点，是作者在对大量资料的收集、调查研究中经过概括集中提炼而成的。所以写一篇论文，自己首先应有一个明确且新颖独到、正确的观点，这是写好论文的基本前提。纵观写作过程中的观点方面的问题，主要有以下三种。

1. 基本观点错误

如若论文的理论前提是不可靠或是错误的，那么这种情况一旦出现，即使行文、具体论证和文章的结构都不错，由于论文的立论不成立，整篇论文也就站不住脚了。如一篇论述古代文论对现代写作启示的论文，将韩非谈到“文章”如何的一段文字作为“纲”展开来写。显然，作者误将引文中的“文章”的概念理解为现在的“文章”(先秦文献中的“文章”是“文采”之意)了。这个理论前提一错，后面再怎样写都没有任何意义了。另一篇阐述舆论学发展历史的论文，在谈到18世纪西方第一部使用现代“舆论”概念的著作时，仅根据别人的介绍，将作者对舆论的划分(即“公意”与“众意”)，抄写中误为“众意”与“民意”，而该论文的作者又没有查看原著，就接着论证起这两个抄错的概念含义如何不同。论文一开头就出现这种错误理解，后面的论述自然跟着错。

2. 观点片面、主观

在写毕业论文时，论文易发生缺少唯物辩证法的全面性，只顾一面而不求全的问题。比如，有的研究资本主义社会的论文只谈其优点，不谈其缺点，这就容易得出片面的结论；有的论文调研资料不充分，证据不详细或阐述不准确，这就使得论文有水分；有的论文捕风捉影，主观臆断，随意下结论，这样的论文缺乏正确性和真实性。

3. 观点陈旧

毕业论文的创新是其价值所在。文章的创新，一般说来就是要求不能简单地重复前人的观点，必须要有自己独到的见解。学术论文的创新性是由科学研究的目的决定的。从根本上说，人们进行科学研究就是为了认识那些尚未被人们认识的领域，学术论文的写作则是研究成果的文字表述，因此，研究和写作的过程本身也是一种创造性的活动，从这个意义上说，学术论文如果毫无创造性就不称其为科学研究，因而也就不能称为学术论文。毕业论文虽着眼于对学生科学研究能力的基本训练，但创造性仍是应着力强调的一项基本要求，这就要求学生不能“人云亦云”“亦步亦趋”，而要在汲取前人研究成果的基础上独立思考，敢于提出自己的独立见解，敢于否定那些陈旧过时的结论。

第二节　结构和格式方面的问题

在毕业论文的写作中，结构是论文表现形式的重要因素，是论文内容的组织安排。结构的好坏，直接关系着论文内容的表达效果，写作意图的实现与否，中心论点的表达，以及论文的质量、价值、意义等现实问题。如果行文前未对文章结构做任何安排，就会感到无从下手，或者只好信笔而至，在这种情况下写出的文章，常常是内容混乱、层次不清、缺乏逻辑性的。所以，必须认真关注，把握好论文结构的基本形态。但是，作为学生，毕业论文的写作毕竟只是对科学研究的初步尝试，研究经验和写作实践方面总会有不足之处，尤其是写作时容易在文章结构和格式的安排上出现一些问题。这里介绍几种常见的问题，以期引起注意，在毕业论文的写作中尽量规避。

一、结构方面的问题

（1）结构不完整，缺乏平衡感。

“定体则无，大体须有。”精神劳动具有高度个性化的特点，没有一成不变、必须依循的法则。但一般的规则总还是有的，这里所说的写作基本型就属于“大体”，而不是“定体”。毕业论文一般由引言、正文、结论三个部分组成，先由引言提出论题，统领全文，或概括论文的范围和内容，使读者有个全面的了解。然后分层依次展开，或是围绕总论点分别从几个不同的方面和角度加以论证，或各层次环环相扣、步步深入、逐层推进，最后得出总结论，也有两种形式兼有的结构，这是论文的主体。结论部分要对论文做全面总结，写法因文而异，依据论述的需要而确定结尾的详略和长短，这样一篇论文就布局完整了。

论文的每个部分都有不同的比例和要求，若有的文章无头或无尾，缺少某一重要的部分，结构就不完整。引言和结论在文章中只能占比较小的文字篇幅，却起到统领全文和总结归纳的作用。正文部分则是全文的重点，要对中心论点进行全面、深入的分析、论证。每个部分的比例要求做到适度，共同为表现中心论点服务。比例适度才能使全文结构形成一个完整的统一体。一些同学不太懂这个道理，如有的论文初稿，开头没有说明课题的来源或研究目的、意义，也不交代调查的手段和方法，一开始就列举大量事实和数据，让人觉得“没头没脑”；有的文章则在结尾处没有得出明确的结论，即没有体现个人的观点和见解，缺乏必要的分析和评论；有的论文该详细的地方不详细，该简略的地方却过于冗长，对中心论点的论证不充分，而对其他分论点却津津乐道。这些都体现了缺乏平衡的问题。

（2）结构不集中，缺乏条理性。

要把论文的结构安排好，动笔之前，需要认真分析文章所要阐述的观点和材料，弄清观点和材料之间的关系、材料与材料之间的关系，形成合乎逻辑的思路。写毕业论文常犯的毛病之一就是不能将观点和材料有机地结合在一起，只是把材料一个一个地罗列出来，忽略了材料之间的内在联系。这样造成的结果是文章结构松散，缺乏说服力。

一般来说，文章的内在结构形式取决于文章采用何种基本推理。例如，一篇文章探讨某一现状产生的原因，反映在结构上，必定会有因果两部分，缺一不可。文章的层次、段落的划分和安排要有内在的逻辑性，段落是否完整单一，段与段之间是否衔接连贯、紧凑，上下文之间是否相互呼应，材料是否按照各自所证明的观点间的逻辑关系进行排列等，都是在动笔写作之前应考虑好的问题。否则，层次、段落、材料安排不当，就会层次不分明，条理不清楚。

从论文写作的规律看，文章采用的基本推理形式决定着文章的内在结构形式。比如，一篇文章主要是探讨某一事物产生的原因，反映在结构上，必然有因果关系两个部分，或者是结果推及原因，或者由原因推断结果，缺一不可。所以，文章必须要有层次，有条理。如果不搞清这个基本道理，在毕业论文的写作中，材料安排不当，就会使层次不分明、条理不清楚。

事物之间有各种不同的关系，反映这种关系的材料之间也有各种不同的关系，如平行关系、递进关系、连续关系、对立关系等。总的来说，只有厘清了事物之间的相互关系，并在结构中体现出来，文章的眉目才会清楚。现实中，有的学生的毕业论文内容上有拼凑现象，论文层次也比较乱，既不遵循各部分内在的逻辑顺序，也不符合人们的认知规律。心中缺乏总体布局，写作时难免信马由缰，因而出现前后不衔接，甚至前后重复、前后矛盾的现象；或者在层次与层次之间缺少必要的过渡照应，令人感到突兀、生硬，意思不连贯。有的学生不注意文章的分段要求，使得段落太长，而且层次不分明。这些问题都会影响论文的质量，尤其在论文写作的初稿阶段比较常见。

总之，写作时思路要清晰，要理顺事物之间的不同关系，各个环节要联系紧密，顺理成章。

二、论证方面的问题

在毕业论文的写作中，容易出现论证不严密、缺少逻辑性的问题。

论证指运用论据证明论点的过程和方法。这一过程注重的是逻辑推理，要用正确的理论指导具体事物、现象的分析和研究。这个过程也是材料和观点统一的过程。论证要对事理进行剖析，要阐明论点，要揭示出论点和论据之间存在的内部联系。所以，论证是否严密，决定着论文的论点是否成立，是否能产生说服力。这需要学生有比较严密的逻辑思维能力和判断能力。但在毕业论文的写作过程中，会出现以下问题：有的论点与论据之间没有必然的联系，二者或互相脱节，或互相矛盾，犯“引言失据”的毛病，其原因是对概念和事实并没有真正理解；有的论文中研究问题不是从实际出发，也不是从对事实的分析中得出结论，而是用观点去套例子，用事实去印证观点；有的论文结构单一，缺乏层次性，一篇五六千字的文章，中间不用序码，也不加小标题，读起来很吃力；有的论文则忽略首尾之间应有的照应关系，出现脱节现象，使文章缺乏完整性。这些都应该引起大家的注意，尽量避免犯此类错误。从他人的问题中汲取教训，可以使自己的写作少走些弯路。

三、引言、结论写作中的问题

有的学生对引言、结论的写作重视不够，方法掌握不当，也会出现一些问题。比如引言的写作，有的论文的引言竟然用几千字的篇幅来完成，而且和论文本身关系不大，既离题太远，又没有起到引导正文的作用；有的论文为了省事，干脆摘录教科书中的有关内容作知识性的介绍，对自己研究主题的任务、意义却不涉及。这种本末倒置的做法，让引言失去了它应有的作用。

结论的写作也应该引起重视。在毕业论文中它不应该仅仅是一个简单的结尾，而应该是对论点的归纳、总结和强调，对全文起到提升的作用，也使论文结构体现出完整、统一的形态。而有的学生的毕业论文却没有体现结论的意义；有的根本没有结论，写完正文就突然停笔，缺少对所研究问题应有的归纳和总结；有的则在文章结尾处写一些一般体会，而没有体现出对自己研究成果的强调，认识比较肤浅，没有达到结论所要求的高度。

优秀的论文都特别注意结论的写作，以达到对自己的观点、思想做出提升的目的。毛泽东的《改造我们的学习》一文的结尾，就很有代表性。他在正文部分阐释了“改造学习”的重要性和意义之后，以这样一段文字作为文章的结束：

我们走过了许多弯路。但是错误常常是正确的先导。在如此生动丰富的中国革命环境和世界革命环境中，我们在学习问题上的这一改造，我相信一定会有好的结果。

这一结论，使读者对文章的理解更加深刻，也增强了对革命的信念。

毕业论文写作中虽然存在一定问题，但都有方法可以解决这些问题。这需要学生加强对文章结构整体性的认识，对每个部分的作用、意义有更深入的理解；同时，还可以通过阅读一些名篇、名作，从别人的写作中学习借鉴，达到提高自己写作能力的目的。

四、论证方法上存在的问题

毕业论文的论证方法的丰富与简单，也是作者思维形式和对事物认识程度的体现。作者的思维方式丰富多样，对问题的认识理解深入，那么在论证上就会自觉采用多样化的方法去完成对问题的研究，并得出深刻的结论。而有的学生的毕业论文存在的问题之一就是方法单调，文章显得平铺直叙，缺少变化。比如，有的文章从头至尾只采用一种例证法，围绕主要论点，提出几个分论点，用很少的事例进行说明，最后得出结论。论证方法简单，论文就会缺少科学性和说服力。

要改变这种现状，唯一的办法就是多学习掌握一些论证方法，丰富自己思考、认识问题的角度。在论文的论证方法中，常用的有归纳法、演绎法等，归纳法是用事实作为论据，举例说明论点。这种方法运用比较普遍，也容易学习掌握。它采用的逻辑推理形式是由个别到一般，即由若干个别事物推出一个有共性的结论。演绎法又叫引证法或者事理论证法，是以理论为论据来证明自己的论点的方法。它的逻辑推理形式是由一般到个别，即将已知的一般道理作为论据来证明一个个别性的论点。此外还有因果、类比、对比、反驳等论证方法。只要平时注意认真学习，加强相关训练，并进行一定的论文写作实践，这些论证方法是能够掌握好的。

第三节　材料和语言方面的问题

撰写毕业论文需要详尽地查找资料，资料是论文写作的基础。“巧妇难为无米之炊”，没有资料，研究无从着手，观点无法成立，论文不可能形成。所以，收集相关资料是论文写作之前的另一项极重要的工作。但所收集的材料不能都拿来使用，还必须经过作者的整理和筛选。选择资料的依据只能是作者所要阐明的中心论点，什么资料可用，什么资料不能用，都要根据这个中心论点来决定。毕业论文的中心论点一经确定之后，它就是统帅一切的东西，资料必须服从于中心论点。不能把一些不能充分说明问题的资料搬过来做牵强附会的解释，也不能将所有资料统统塞进文章里，搞得文章臃肿庞杂，扩大了篇幅，中心反而不突出了。在选择材料证明自己观点时还要注意语言的表达，使用准确的语言去表达。

一、材料选择上的问题

1. 材料不当

要围绕主题来选择材料，它必须为表现主题服务。凡是能有力烘托、说明、突出主题的材料就拿来使用，否则，即使材料再新颖、再有价值也应毫不犹豫地舍弃。古人云：“详略者，要审题之轻重为之。题理轻者宜略，重者宜详。”（唐彪《读书作文谱》）这就是说，与主题关系小的要略写，取材从简；与主题关系大的要详写，取材宜丰。有的学生写毕业论文，不顾主题的客观需要，对辛辛苦苦收集起来的材料，这也舍不得割舍，那也不忍丢下，结果随心所欲地支配材料，该详不详，该略不略，主次颠倒，枝蔓横生，甚至与主题脱节。

例如，有的文章试图用政府重视教育、增加教育投入的材料来说明国家重视师范教育，而所用材料并不能直截了当地支撑论证观点；有的文章要讨论的是面向21世纪的中国需要什么样的教育思想，文中却用相当的笔墨大谈当前我国转变教育观念的必要性，这就偏离了主题。

2. 材料乏力

在写毕业论文时，不可能也没有必要把凡是与主题有关的材料都纳入文章中。在写作时要选出那些最具代表性的，最能反映事物本质、主流和规律的材料，也就是典型材料。典型材料在形式上最富有特征，而在实质上最能反映一般情况。材料越典型，论文的说服力就越强。恩格斯的《论权威》选择了纺织厂、铁路、航海三个例子作论据。第一个论据阐述最详细，第二个论据比较概括，第三个论据只是简简单单几句话就把话说明白了。材料虽不多，却具有无可辩驳的逻辑力量。产生这种效果的一个重要因素就在于材料选得十分精干典型。很多论文都不同程度地有材料取舍不当的问题。有的学生怕论述不充分，材料不够多，于是拼命堆积，以为越多越好，其实不然。大体而言，对主要的问题，自己的独到见解应尽可能说得详尽深入；枝节性问题、众所周知的内容应尽可能讲得简洁概括。事实和数据“不在多而在精”，关键是材料要有代表性，要有说服力。

3. 材料失实

真实是文章的生命，当然也是毕业论文的生命。真实就是不虚假，指材料来自客观实际，即来自社会调查、生产实践和科学实验，而不是虚拟或编造的。论文十分强调科学性，任何一点不真实、不准确的材料，都会使观点失去可信度和可靠性，从而使论文的价值降低或完全丧失。可以说，材料的真实与否直接关系着论文的成败。而有些同学在毕业论文写作时没有严格地核实材料、鉴别真伪，引用的人物、时间、事件、地点、数据、引文等有误，这样的文章无法令人信服。

材料不真实的原因主要有：研究方法、调查方式和实验方案的选取不合理，因而造成实验操作和数据的采集、记录及处理不正确；使用第二手资料没有分析核对，使用引文时断章取义，甚至歪曲原意；在形成发展材料时，没保持原有材料的客观性，由主观因素造成失真。

因此，要注意以下几点：其一，要尊重客观实际，避免先入为主的思想，选择资料不能夹杂个人的好恶与偏见，不能歪曲资料本来的客观性；其二，选择资料要有根有据，采用的第一手资料要有来历，选取的第二手资料一定要与原始文献认真核对，以求获得最大的准确性；其三，对资料来源要加以辨别，弄清原作者的政治态度、生活背景、写作意图，并加以客观的分析评价，社会科学方面的资料更应该注意这一点。

4. 材料陈旧

想让自己的论文引人注目，有一定的价值，不人云亦云，就必须使用新颖的材料。新颖即新鲜、不陈旧。要使材料新颖，关键是要做开拓性工作，不断获得创新性成果；同时，收集的文献资料面要广，量要大，并多做分析、比较，从中选取能反映新进展、新成果的新材料，而摒弃过时的材料。有的材料虽然也是难得的好例子，用起来很顺手，但是用的人多了，就容易使人生厌。例如，有一本书叫《英吉利法研究》，由日本宫本英雄著，骆通翻译，20 世纪 30 年代出版，当时就被批评为已经过时，到 90 年代还有人在引用。

5. 材料无关

收集的写作材料需要通过整理并存入自己的资料库，因为在写作时不是将所有的材料一起塞进文章里，也不是想写什么就写什么。论文中的材料最终是为了证明文章的中心思想，因此，写文章时就要根据中心观点选材，跟主题有关的就选进来，无关的就舍去。主题一经确定，就成为文章的统帅。不能充分说明观点的材料硬要拉进来，或是跟主题无关的材料也塞进文章里，就会把文章弄得庞大臃肿，中心不突出。

另外，不少学位论文，选题不错，文笔也很好，但没有什么资料。没有资料，文中的一些观点、学术见解、结论是怎么得出来的？如果材料不全面，缺少了某一方面的材料，论文的论述也往往不圆满、不全面，会出现偏颇、漏洞，或由于证据不足难以自圆其说。

一篇优秀的毕业论文，不仅观点要正确、有创见性，还必须使用规范化的语言，准确地去表述自己的观点，不能采用习惯用语和方言，更不能自造字词，让人不知所云或误解。以下就毕业论文中常见的语言问题做一简析。

二、语言表述上的问题

1. 用词不准确

例如，“这种吃喝风，一浪费财富，二损坏形象，三有碍健康，有百害而无一益。”句中的“损坏”应改为“损害”。损坏与损害都有由好变坏的意思，但也存在着细微不同：“损坏”多与具体物搭配，往往侧重于使接受物在外观形式上受到损伤；而“损害”多与抽象事物搭配，往往侧重于使接受物在内容性质上受到损伤。像“损害眼睛”和“损坏牙齿”中的“损害”与“损坏”就是不能互换的。再如，“我期望我的经济论文在今年论文评比中获得优异成绩。”“希望”的适用对象可以是别人，也可以是自己，但是“期望”一般只能对别人，不能对自己，可将“期望”改为“希望”。又如，“记录数字必须准确无误，任意扩大和缩小数字，都会导致决策失误。”“扩大”与“缩小”是一对反义词，不可能既是扩大又是缩小，应将句中的“和”改为“或”“或者”，它们都是表示选择关系的连词，表示两个或两个以上的人或事物中选一个时就用“或”“或者”。

2. 用词不符合规范

在一些经济论文中，经常会用到“盈利”与“营利”，但并不一定所用的都是正确的，比如“××产品营利丰厚”，这里的“营利”就应改为“盈利”。“营利”只用作动词，指的是通过经营赚取利润的整个过程。“盈利”一般只能用作名词，《现代汉语词典》认为它等同于“赢利”，可指企业单位的利润，也可指一般的利润。再如“级”与“届”，在一些文章中总是分不清，实际上，两字的含义非常明确，“级”是指入学的年份，“届”是指毕业的年份。像“老三届”，大家都知道指的是 1966、1967、1968 三年的中学毕业生，没有人把他们理解成 1966、1967、1968 年入学的中学生。

3. 语法错误

如“部分城市企业实施新的会计制度还存在不少问题”这句话有歧义，是指部分的城市企业，还是指城市的部分企业呢？这造成句意表达不清楚。如果把“部分城市企业”改为“城市部分企业”，就不会有歧义了。

4. 撰写标点不规范

什么是文气？一篇文章，句子的构成或长或短，或张或弛，彼此并不规律，因此读起来的感觉及读出来的声音，就有高低、强弱、缓急之分，产生抑扬顿挫的效果，这就是文气。由于标点是传达说话语气的，因此往往决定文章的气势。大抵用句号则声音由高而低，文气也就由扬转抑；用疑问号、感叹号则尾音上升，文气也就由抑转扬。有的毕业论文从头就用逗号，一直“逗”到文章结束才用句号，或从头至尾都是句号。应正确使用标点符号，不应当全用句号，也不可能全用疑问号、感叹号，标点符号的交错运用，能使文章抑扬有度，形成文气的跌宕。有的论文里有几个分句，前面用了分号，后面却用逗号，这些都不符合要求。

第四节　文体和文风方面的问题

一篇优秀的毕业论文，除了上面所谈到的要注意避免在观点、结构、材料、语言等方面的问题之外，还要注意发扬优良、健康的文风。不良文体和文风常见的表现形式主要有以下五种。

一、缺乏准确性

文风的准确性，是指要求文章真实、贴切、恰如其分地反映客观事物，它是文章科学性的体现。这就要求作者具有实事求是的写作态度，做到观点正确、材料真实、语言准确。

有的毕业论文观点错误，不能给人以有益的启示和教育，不能给人以知识，不能使人获益或促人深思。究其原因主要是作者的立场不正确，没有对客观事物进行深入细致的观察、调查、研究，从而未能真正抓住事物的本质，形成了错误的观点。有的论文里的材料失真，对第一手资料没有认真鉴别分析，对第二手资料没有核实查对，或引用他人文章时望文生义、断章取义、胡搬乱套。还有的论文语言不准确，没有注意词语的感情色彩，没有认真辨明词义。这些都会导致文风缺乏准确性。

二、缺少鲜明性

文章的鲜明性主要体现在两个方面。一方面是作者对客观事物的认识和态度要鲜明。文章赞成什么、反对什么、歌颂什么、批判什么，绝不能含糊其词、模棱两可。一篇文章如果只是“甲乙丙丁，开中药铺”，没有明确的观点作统帅，这样的文章让人看了弄不清作者到底要表达什么意思，算不上是鲜明的。另一方面，语言上也要注意不能有歧义、拖泥带水、重复啰嗦，而应简洁、准确、鲜明。

三、没有生动性

“言而无文，行而不远。”古今中外的优秀作者无不重视文章的生动性和可读性。要把一篇文章写得生动，文章的内容要有新意，能把握时代脉搏去反映新事物、研究新问题，同时选择的角度要新颖，提出的见解要独到；材料要具体形象，笔端要带感情，做到以理服人、以情感人，只有理中带情、情中有理，才能使人心悦诚服。

四、语言乏味

有的论文尽管没有什么语病，读起来却让人感到枯燥乏味。这除了内容方面的原因外，还与结构的安排、论证方式的选择及语言的运用有关。在写作时，应尽量使用一些通俗化的语言，“不管黑猫还是白猫，捉到老鼠就是好猫”。越是通俗的东西生命力越长久，不要以为学术论文就一定要“板着面孔”，堆砌一些高深的专有名词，否则就不是论文，这种观点是错误的。著名的经济学家钟朋荣就十分注意语言的通俗化，他在讲如何解决我国的失业问题时，写了《谁为中国人造饭碗》，他鼓励人们到国外找饭吃，鼓励有产者为有劳者造饭碗等。他指出，之所以反复强调“造饭碗”三字，说明我国的失业是因为劳动力绝对过剩，解决失业问题的根本办法是扩大就业机会，而“造饭碗”三字，老百姓一听就懂。

五、生吞活剥

写作时，还要避免没有弄清参考书目的原意、曲解原文、生搬硬套，或剽窃照抄别人现成的词句、理论、经验等，不知融会贯通，生硬地接受或机械地搬用。这样写出来的文章自然不会是优秀的论文。

扩展阅读

作者针对临沂大学材料科学与工程专业 2015 级、2016 级和 2017 级 212 篇毕业论文中出现的常见问题进行了总结、归纳和分析，考查了本科生毕业论文的写作质量和基本的学术素养，调研和分析了毕业论文存在的主要问题。

(1) 一半以上毕业论文的中图分类号和研究内容关系不大。如果把有些毕业论文的分类号是导师自己标注的情况考虑进去，学生自己去标注分类号的话可能这一比例会更高。这表明大部分学生并没有对中图分类号有一定的了解，不知道如何根据研究领域或研究内容去选择分类号。

(2) 论文编写格式问题不仅较多而且几乎遍布每一篇论文，也就是说所调查的本科毕业论文几乎每一篇都有格式问题。

(3) 毕业论文中很多参考的文献没有标题、起止页码或没有期号，这主要是学生不能根据期刊上的参考文献找到所参考文献的出处。

资料来源　李兴建，李因文，章强，等. 基于调研本科生毕业论文存在的问题探索文献检索与科技论文写作教学设计[J]. 高教学刊，2023，9(3)：188－191.

第十章

毕业论文的修改

思政寄语

君讳载，字则之，性方直严谨。

——〔宋〕欧阳修《尚书工部郎中欧阳公墓志铭》

第一节　毕业论文修改的重要性

毕业论文的初稿只是论文的雏形，或者称为“半成品”。要使之达到规定的标准，获得好的成绩评定，还需要以精益求精的态度进行反复修改、打磨，才能使论文的内容和形式日趋完美。

曹丕在《典论·论文》中说过：“文章乃经国之大业，不朽之盛事。”这说明写文章是一项严肃的社会活动，目的性应十分明确。认真修改文章，是对社会负责的表现。李沂也说：“安能落笔便好？能改则瑕可为瑜，瓦砾可为珠玉。”(《秋星阁诗话》)这里的“能改”，强调的是作者对待文章修改的态度，也强调了文章所能达到的效果。修改可以去瑕显瑜，化瓦砾为珠玉。

著名科学家爱因斯坦也说过：“一个人应该严于解剖自己，如果他希望有人阅读自己的作品，他就应该把那些不重要的地方尽可能地删去。”(《爱因斯坦谈人生》)这是一种对社会、事业高度负责的态度。

文章修改的重要性早已经被古今大家所认识，并用他们的实践证明了修改对提高文章质量的重要意义。“文章是改出来的”已经成为一种共识。前人也留下很多重视文章修改的佳话。曹雪芹写《红楼梦》“披阅十载，增删五次”，以至于“字字看来皆是血，十年辛苦不寻常”。美国作家海明威的《老人与海》手稿，在反复读了两百遍后才定稿付印。鲁迅先生在《答北斗杂志社问——创作要怎样才会好》一文中说自己“写完后至少看两遍，竭力将可有可无的字、句、段删去，毫不可惜”。而毛泽东则把写作中粗枝大叶、马马虎虎、不负责任的作风列为“党八股”之一，主张在全党内进行“讨伐”。他在《反对党八股》一文中还曾经写下这么一段话：“鲁迅说‘至少看两遍’，至多呢？他没有说。我看重要的文章不妨看它十多遍，认真地加以删改，然后发表。”

所以，文章修改不是简单的问题，而是对认识不断深化，使表达不断完善的过程。从文章可能产生的社会意义来看，认真修改也是对社会负责的表现。修改的意义至少体现在以下三个方面。

（1）修改可以增强文章的理论色彩。

毕业论文也是论文的一种，所以对理论性的追求也是它的写作目标之一。而科学理论作为人类抽象思维的产物，不像具体的事物那么容易把握。它既不是对经验的简单介绍，也不是对一般原理的阐释，而是对事物和事理的高度抽象的概括和升华，体现的是人对事物的规律性的认识。例如，毛泽东在《反对党八股》一文中所言：“文章是客观事物的反映，而事物是曲折复杂的，必须反复研究，才能反映恰当；在这里粗心大意，就是不懂得做文章的起码知识。”

毕业论文的写作过程尤其如此，学生因为理论知识和写作经验的不足，对事物的认识更是需要经过不断反复，才能逐步提高。文章的修改过程正是作者思维过程的反复和提高。由片面到全面，由表象到本质，使客观事物由“物”转化为作者头脑中的“意”；经过反复认识、构思后，再由“意”物化为具体的“文”。这些转化过程都充满主体的创造和探索精神，一次次地加深对事物的认识、理解，文章的理论色彩也正是这样不断得到丰富和完善。所以，写作中如果以认真的态度对待修改，每一次修改都会有进步和收获。有的人往往只顾书写而忽略修改，认为文章初稿完成就万事大吉，改不改都无所谓。这是错误的看法，也是责任心不强的表现。一定要养成修改文章的好习惯，从修改中提高自己的思想认识水平。

在修改过程中，要从文章的局部转向整体，客观地审查文章的论点、论据、结构安排等要素，使个人认识得到加强，也使文章的理论色彩在深化认识的基础上得到进一步的成熟和完善。

（2）修改可以锻炼、提高写作能力。

修改，既是对论文整体构思、论点、论据的审查，也是对具体的段落、句子、表现手法等要素做细致的推敲和琢磨，从中发现问题并及时改正。这个过程是对作者写作知识和能力的检验。有一定知识和经验的人，才能够从初稿中发现自己存在的问题，如字词句的通顺与否，语言的流畅与否，以及表达上的恰当与否等。可以说，发现问题也是对写作能力的一种考验。

发现问题并做了修改，对以后的写作实践还会起到一定的警示作用，避免再犯同样的错误。论文的修改与一般文章的不同之处还在于，它可以起到训练思维的作用。在认识、分析、评价各种问题的过程中，作者的思维能力、思想水平、逻辑推理等都会有所提高，这对以后的工作、学习、写作都是好事。因此，初学写作的人更应该把修改当作是一个提高自己写作能力的好机会，从中得到必要的锻炼。

(3) 修改可以培养严谨的学风和态度。

对很多学生而言，毕业论文的写作对其以后的发展可以起到铺垫的作用。如果将来从事科研工作，需要有对待科学研究的严谨态度和精神，而毕业论文的写作就相当于一次实战训练。同时还应该认识到，学术研究不仅仅是个人的事，它还体现着对人类思想和精神的传承。应该在学生时代就培养对待科学研究的严谨态度，培养良好的学风，这无论对个人还是对社会而言，都是非常重要的。科学研究工作犹如长江后浪推前浪，不断有新的力量加入这一场接力赛中来。如果每个人都能以严谨的态度对待研究，以认真的精神对社会负责，就会形成良性循环，为科学研究事业贡献力量。

第二节　毕业论文修改的范围

论文初稿的修改包括对论文内容和形式两方面的修改。对论文内容的修改，主要是指对论文的观点、方法和材料的修改；对论文形式的修改，主要是指对论文结构、语言及其表述方式的修改。通过修改，尽可能使论文达到内容和形式的完美统一。

一、订正观点

修改初稿，一般要先通读全文，检查有无大的遗漏、大的差错。论文的观点是需要特别确认、订正的。论文的观点是贯穿全文的主线和灵魂。最初确立的观点经过论证，由于材料和方法的运用，论证角度的转换，它是否经得住检验，要再三推敲。通常论文观点不会出大的差错，否则整篇文章都得推倒重来，但是通过适当的订正使观点更鲜明、确定、深刻、正确，却是非常必要的。

二、验证方法

观点的订正和研究方法联系紧密，对观点的订正实际上也是对方法的检验。例如，立论的逻辑是否严谨，论证角度是否恰当，论述内容是否充分，与两者都有密切关系。

三、增删材料

材料是产生和论证观点的依据。材料真实，使用得当，材料数量适合文章内容的需求，这些在初稿中很难一次就做到恰到好处。修改初稿时，有必要对材料做变动、调整、增加和删减，以期材料使用合理，和观点的论证有一个完美的结合。材料的增删改动包括对图表、引用参考文献以及注释的核对、修改。

四、调整结构

调整结构包括对论文整体篇幅的控制、论文各部分之间长短比例与平衡的控制。在对论文各部分的调整中，章、条、款、项乃至段落都属于调整的范围。一篇论文的结构合理，应具备以下三个条件：一是每一部分都符合论题的需求，对说明、论证论文的观点有帮助；二是有逻辑顺序，层次清楚；三是有主次之分，该详就详，该略就略，详略得当。违反了这几点，文章的结构就应该加以调整。

五、润色语言

润色语言不仅仅是为了增添论文的文采，润色语言首先要关注语言的正确使用，检查有无语法错误，用词有无歧义、含混不清、空洞无意义等问题，或修辞不当的地方，如果有这些现象，就要立即改正；然后要注意语言的表达功能，尽量要求文句简短、准确、易懂；最后再考虑统一语言风格，文字要生动，词语要丰富，文章要出彩。

六、确定标题

初稿改好后，最后确定标题。从总标题到子目标题和细目标题，撰写初稿时已经拟订，但那不一定是最后确定的标题。总标题和其他各级标题对整篇论文或对论文的各章、条、款、项有画龙点睛的作用，因此要反复斟酌、推敲，直到找到最切题、最具概括性、最适合表达所述内容的标题。

第三节　毕业论文修改的方法

论文初稿写好后，一般要间隔一段时间再修改（几天或一两周），这样做是通过遗忘习惯的思维模式，以新的眼光、新的视角重新审视论文，以便发现初稿中的失误，把初稿改得更好一些。然而，如果时间紧迫，立即动手修改也无妨，这时对初稿中存在的问题记忆犹新，改起来也自有便利之处。采取何种方式修改初稿，常常取决于个人的习惯，无须强求一致，重要的是要知道修改什么。论文修改并无一定之规，但也有一些作者在漫长写作实践中积累的一些经验，可供人们学习、借鉴、参考。一般说来有这几种方法比较常用。

一、冷却法

文章完成后不急于修改，可将其放一段时间，等头脑清醒后再进行修改。一些作者总结自己写作中的经验，认为文章写作时要“热”，即要一气呵成，以保持文气的畅通；而文章写完后则要“冷”，冷静、理性地修改，使之趋于完善。这是一种非常科学的态度，文章写完后放一放，可以让作者发现一些在写作时未发现的问题，这也是对作者毅力和耐心的考验。初学写作的人在初稿写作时往往会把注意力放到具体事实、事例的安排上，在考虑结构、语言等问题上自然有不够周密的地方。以理性思维对文章进行再次检查、判断，对问题进行重新认识和思考，从而有新的发现和创造，将其补充到文章中，可达到提升文章水平和质量的目的。

“冷”，还可摆脱习惯性的思维定式，为文章开拓新的思路。写作时的“热”会使作者对自己的文章充满珍爱，看不出它的问题和毛病。“冷”则能淡化这种偏爱，以客观理性的态度认真修改。

二、求助法

文章完成后应虚心听取他人意见，不耻下问，从他人的意见中得到启示和帮助。俗话说：“当事者迷，旁观者清。”别人站在“旁观者”的角度，对文章的问题、毛病会有更清醒的认识，如果虚心听取他人意见，自然会从中得到有益的启示。

从古至今就有许多作者虚心听取他人意见，从中得到启示的例子。古人的“以文会友”就是互相点评、切磋技艺的好事例。晋代颜之推在《颜氏家训》中也说道：“学为文章，先谋亲友；得其评论者，然后出手。”亲友、师长、同学都可以成为自己文章的读者和评说者。孔子早就说过：“三人行，必有我师焉。”他人的意见中总会有一些是真知灼见，能对自己修改文章起到积极作用。

但是，对他人意见也要有一个消化、分析的过程。正因为他人是“旁观者”，他人对文章的研究过程、方法态度并没有切身体会，只是从个人经验的角度提出意见或者建议，也会有片面性和偏差。并非所有意见都要吸收，而是要对其进行认真分析、思考，做到取长补短、为我所用，使论文的质量经过修改后臻于完善。

三、阅读修改法

阅读修改法是指论文完成后，自己经过反复阅读，从中发现隐藏的问题。阅读自己的初稿，也是一个再思考的过程，从中可以感受到文章是否顺畅、语言是否连贯。特别是文字方面存在的问题，通过阅读可以及时发现。写作时重点一般会放在考虑思想、观点的表达上，在词句的表达上总会有不够严密的地方。阅读时可以发现那些不通顺的词、句，也可以发现表达方式上的欠缺，及时做出修改。对学生来说，阅读修改不失为一种既行之有效又方便易行的修改方式。

四、熟练掌握修改符号

毕业论文一般都要经过多次修改才能完成，有时是指导教师的批注，有时是学生自己的改动。无论哪种修改，都是在初稿上进行的。所以需要掌握规范化的修改符号，以免造成乱涂乱画的现象，影响修改的正常进行。

1993 年，我国曾经发布《校对符号及其用法》(GB/T 14706—1993)，对校对符号及其用法进行了规定。论文作者应该做到熟练掌握，使文章修改做到规范化。

跟鲁迅学修改文章的技巧

邵建新 朱永芳

文章不厌百回改，千磨万砺始成金。鲁迅先生说："写完之后至少看两遍，竭力将可有可无的字、句、段删去，毫不可惜。"(《答北斗杂志社问——创作要怎样才会好》)又说："我做完之后，总要看两遍，自己觉得拗口的，就增删几个字，一定要它读得顺口。"(《我怎么做起小说来》)这些宝贵的经验，对于我们写出好文章，尤其是修改文章具有指导意义。

一、删繁就简，力求简洁精练

(1) 原句：在我一生之中认为我师的之中……(《藤野先生》，见《鲁迅手稿选集》)

改句：在我所认为我师的之中……（同上）

（2）原句：自然，这样一移，的确比较的好看些，然而解剖学上的图不是美术，实物是那么样的。（《藤野先生》，见《鲁迅手稿选集》）

改句：……然而解剖图不是美术，实物是那么样的。（同上）

二、悉心斟酌，务求准确严密

（1）原句：但所得的是麻雀居多，也有白颊的"张飞鸟"，性子很躁，总是养不过夜的。（《从百草园到三味书屋》，见《鲁迅手稿选集》）

改句：但所得的是麻雀居多，也有白颊的"张飞鸟"，性子很躁，养不过夜的。（同上）

（2）原句：从此就看见许多新的先生，听到许多新的讲义。（《藤野先生》，见《鲁迅手稿选集》）

改句：从此就看见许多陌生的先生，听到许多新鲜的讲义。（同上）

三、讲究声律，追求顺畅和谐

（1）原句：……下面撒些秕谷，棒上系一条长绳，人远远地牵着，看鸟雀下来啄食，走到筛下时，将绳一拉，便罩住了。（《从百草园到三味书屋》，见《鲁迅手稿选集》）

改句：……下面撒些秕谷，棒上系一条长绳，人远远地牵着，看鸟雀下来啄食，走到竹筛底下的时候，将绳子一拉，便罩住了。（同上）

（2）原句：阿Q本来也是正人，我们虽然不知道他曾经蒙什么名师指授过，但他对于"男女之大防"却历来非常严。（《阿Q正传》，见《晨报副镌》1921年12月4日—1922年2月12日）

改句：……我们虽然不知道他曾蒙什么名师指授过……（见《呐喊》）

四、增添词句，力求生动形象

（1）原句：三味书屋后面也有一个园，虽然小，但在那里也可以采蜡梅花。（《从百草园到三味书屋》，见《鲁迅手稿选集》）

改句：三味书屋后面也有一个园，虽然小，但在那里也可以爬上花坛去折蜡梅花。（同上）

（2）原句：（藤野先生）一将书放在讲台上，便向学生介绍自己道："我就是叫作藤野严九郎的……"（《藤野先生》，见《鲁迅手稿选集》）

改句：（藤野先生）一将书放在讲台上，便用了缓慢而很有顿挫的声调，向学生介绍自己道："我就是叫作藤野严九郎的……"（同上）

五、突破常规，营造独特效果

(1) 原句：只有着长衫的，才踱进店面隔壁的房子里，要酒要菜，慢慢地吃喝。(《孔乙己》，见《新青年》1919 年 4 月第六卷第四号)

改句：只有穿长衫的，才踱进店面隔壁的房子里，要酒要菜，慢慢地吃喝。(见《呐喊》)

(2) 原句：直到下半天，几个人寻到山坳里，看见刺柴上挂着他的一只小鞋。(《祝福》，见 1924 年 3 月 25 日《东方杂志》半月刊第二十一卷第六号)

改句：直到下半天，几个人寻到山坳里，看见刺柴上挂着一只他的小鞋。(见《彷徨》)

(有删改)

第十一章

毕业论文的答辩

思政寄语

风容闲雅，应答如流。

——《魏书·李孝伯传》

第一节　毕业论文答辩的必要性

毕业论文写好后，交由指导教师进行审查、评定。但是，论文交出后并不等于毕业论文已经完成了，学生还得准备答辩。毕业论文答辩是毕业论文工作中的重要环节，它不仅关乎学生成绩的评定，也是对教、学双方情况的综合检验，对确保论文的真实性和实际效果具有重要意义。

一、答辩的目的

关于毕业论文答辩的目的，可以简要归纳为四点：通过审查，进行交流，促进发展，锻炼能力。

(1) 答辩是对毕业论文的最后审查。

这种审查和指导教师的审查不同。指导教师的审查主要是对文章进行细致的指导和审查，发现存在的问题，以便帮学生及时纠正错误。而答辩的审查则主要是以一种公开的方式进行，由答辩委员会针对论文的论点、构思等，对作者提出相关问题。学生则要在公开场合有问必答，也可以为自己的文章做出辩解。一般情况下，答辩时主要审查以下内容。

① 审查学生的实际水平和能力。一个人的能力、水平可通过文章得到综合体现。从文章中可以了解其思想、观点和文字表达等综合素质和水平，而答辩则还要包括回答问题的应变能力、对知识体系的合理运用，以及口头表达的能

力，并且表现出答辩人的综合素质和实际能力。当然，个人能力的培养不是一朝一夕可以完成的，它应该得益于平时的修养和锻炼。学生应该从大一就开始注意对各种能力的培养，积极参与社会、校园的活动，如参加演讲、朗诵比赛等活动，增强自己认识、表达的能力。这样，到了毕业论文答辩时，才不至于惊慌失措。

② 审查毕业论文的真实性。毕业论文的真实性直接关系到论文的质量、水平和成绩评定。所以从一开始指导教师就会对学生提出告诫，在指导过程中也会对其材料的来源及真实程度把好关。但是因为毕业论文的写作时间比较长，教师不可能时时进行监督，所以也可能会出现一些问题，如抄袭、请人代笔等。答辩中的审查内容之一就是要对毕业论文的真实性再一次进行把关。通过提问了解学生对论文中研究课题的认识、体会，检查材料的来源等，以避免失实的现象发生。通过审查可以印证论文是不是学生独立完成的，同时是对论文质量的保证。

③ 审查学生的知识结构和深度。毕业论文通过对问题的研究、表述，在一定程度上可以反映出作者的知识结构和深度，但也有可能是对他人成果的学习借鉴。答辩中，答辩小组教师通过对论文中存在的问题、不完善之处进行提问，让学生当场做出回答，也可审查学生专业知识的基础，及其知识结构的状况。有的问题直接针对论文本身，也可从侧面或者学科边缘提出问题，这就需要学生具备比较系统、扎实的知识结构，才能自如应对各种提问。

④ 审查学生独立分析、解决问题的能力。这主要从分析问题、解决问题的角度去审查学生的能力，看其能否抓住事物之间的内在关系进行分析、论证，使论点成立，以及结论是否深刻、有理等。大学四年所学到的书本知识及培养起来的实际能力，要在论文中得到体现。如果是生搬硬套别人的成果，或者对书本知识一知半解、生吞活剥，那么在答辩中就会出现漏洞，从而暴露出能力缺陷。

（2）答辩是进行思想和学术交流的重要机会。

这种交流主要在答辩人和负责答辩的教师之间进行，对学生来说应该是一个难得的交流提高的机会。虽然在毕业论文的写作过程中，学生和指导教师之间的交流一直都在进行，但是毕竟只是一对一的交流。答辩时学生要面对的是一个小组的教师，答辩内容又主要集中于专业性比较强的问题，问答过程中不乏思想和学术的交流与探讨。教师对一些疑难问题还可以现场做出解答。所以对答辩者来说，通过答辩可以加深对问题的理解，受到学术上的有益启示。对旁听的低年级同学来说，也是一次很好的毕业论文“预习”：可以开阔视野，增强专业意识，为以后的毕业论文写作打下基础。对教师而言，答辩中的交流也可以为今后的教学提供有用的实证。学生提出的问题，表现出的缺陷，会使教师加强对教学的反思，使教学相长真正落到实处。所以，答辩不仅仅是答辩人受益，还是一种多方参与、共同受益的交流活动。

(3) 答辩是促进科研发展的有效途径。

参加答辩的教师一般都富有教学、科研经验。答辩中，教师会对毕业论文中存在的问题提出中肯的意见，对学生的思维、思想和学术研究形成动力，促使其在今后的工作中不断发展、完善。特别是对那些考研或者准备到教育单位工作的学生，会对其今后的科研发展起到促进作用。

二、答辩的意义

毕业论文答辩意义重大，无论从学校、教师还是学生的角度看，都不失为一种促进教学的有效手段。

(1) 答辩是教学环节的继续。

顾名思义，答辩是对问题的答复与辩解。毕业论文答辩，是由教师组成的评审小组或评委会针对学生论文的主题和内容质疑问难，由学生根据所写论文及其所依据的材料给予答复与辩解。最后，由教师组成的评审组织给出答辩分数。

准备答辩的过程，应视为写作论文的继续。学生要继续熟悉自己写过的内容，同时要考虑到答辩提问的范围会略大于撰写论文的范围，因此，对论文观点的提炼和材料的运用等要了然于胸，以便正确应答。不仅如此，答辩也是一种新的训练，一种对口才、辩才和应变能力的训练。这种训练超出了论文写作的范畴，从过程、内容、形式等各个方面都相当于演说、讲授、辩论的训练，完全可以视为教学内容在这方面的延伸。学生准备毕业论文答辩，不仅是在准备应对即将面临的提问，而且是在继续学习新的知识。

在答辩过程中，教师提出的问题能够帮助希望把论文改得更好的学生进一步完善自己的论文，更重要的是他们的提问方式、质询角度和知识层次，能够给予有心的学生以更多的启发和学习机会。

(2) 答辩是评审论文的必要补充。

毕业论文提交后，首先由指导教师审阅并给出评语，作为评定论文书面成绩的依据。指导教师熟悉学科专业，有教学经验，通常能够给出正确的评语或成绩。然而，相对论文答辩而言，一个人的评卷仍可能是有局限性的。它可能囿于个人的知识面、学术观点、学术流派等因素的影响，或者仅仅因为对学生本人的印象而影响对论文做出公正的评判。虽然有统一评卷的标准，但是不同教师对这些标准的掌握也许不同。

论文答辩形式，恰恰能够弥补指导教师书面评卷之不足。答辩作为一种评判形式，由多人组成评审小组或评委会，这些人都是有经验的教师。毫无疑问，通过一个评审组织对论文和论文答辩进行评判，比一个人的意见更全面、更公正，对评审标准的掌握也会较为一致。

（3）答辩是倡导良好学风的保证。

伴随着社会开放的需求，各类成人教育蓬勃发展起来，特别是社会转型需求的进一步加大，使得高等院校更是不断扩大招生规模。越来越多的人接受高等教育，是社会的进步，却也不可避免地带来某些负面效应。由于现在的大学毕业生很多，毕业论文又是由学生独立完成的，要倡导良好学风，阻止抄袭剽窃和捉刀代笔的现象发生，答辩无疑是有效的措施。

第二节 毕业论文答辩前的各项准备

毕业论文是一所高等院校本科教育中的重要环节。它不仅仅是学生自己的事，还需要学校、教师的参与，三方共同完成这个复杂的工程。因此，在论文答辩之前各方所做的准备内容也有所不同。

一、学校方面的准备

学校方面主要负责组织工作，一般来说需要完成这几方面的准备。

1. 审查答辩者的资格

毕业论文的答辩者必须具有一定资格才可参加答辩。而对其资格的审查，一般由学校或院（系）的相关人员完成。答辩者起码应该具备这些条件：

（1）具有本校学籍资格，相关手续完备。

（2）修完该专业教学大纲规定的全部课程的应届毕业生。

（3）全部课程考试、考查合格，或者修满学校规定的学分。

（4）认真完成毕业论文的写作，并得到指导教师认可，写出相关评语。

以上是对答辩者的资格做出的认定，必须符合这些条件才能参加毕业论文的答辩。学校进行资格审查，也是对答辩工作的负责。

2. 组织答辩委员会（或答辩小组）

大部分学校都会专门为答辩组织答辩委员会（或者答辩小组），一般由 3～5 名专家组成，成员须是讲师、教授或工程师，其中，至少一人具有高级职称。

答辩委员会由系主任或系学位委员会负责聘请，一般设主席一人，秘书一

人(亦可由主席兼任)。他们的职责具体包括这几个方面:

(1) 审阅论文(或设计)。

(2) 对学生的答辩资格给予审定。

(3) 组织并主持答辩。

(4) 讨论并确定最后的成绩及评语。

某学校毕业论文评阅与答辩的规定如下。

××学院毕业论文评阅与答辩标准

(1) 学生完成毕业论文(设计)后,指导教师、论文评阅教师应对其进行认真评阅和审查,参照评分标准写出评语并给出建议成绩。

(2) 各系组成若干答辩小组(或答辩委员会),每组由3名或5名(必须为单数)指导教师组成,由指定组长(或主席)全面负责答辩工作(答辩小组及答辩学生分组名单必须打印备案)。

(3) 各系在答辩前应制订出统一的答辩程序和关于答辩场地、人员、纪律等方面的规定。

(4) 答辩前,由院(系)统一收齐学生的毕业论文或毕业设计说明书分发给相应的答辩小组成员审阅,同时指导教师指导学生认真准备,写出答辩提纲,熟悉答辩过程中应知应会的内容,提高表达能力。

(5) 答辩时,答辩组的教师针对该课题的基本内容或关键性问题进行质询。

(6) 答辩过程须指定专人记录,答辩结束后,小组成员需在记录上签字,并交系里保存备查。

(7) 答辩结束时,答辩委员会(小组)按毕业论文(设计)的实际质量,参考指导教师、论文评阅教师的评语、建议成绩并根据答辩情况,写出答辩评语及评定出最终成绩。

(8) 属下列情况之一的学生,作缓答辩处理:

① 论文(设计)质量未达要求,指导教师、评阅教师明确指出"不可以提交答辩"结论者;

② 未完成任务书任务要求者;

③ 所提交的毕业论文(设计)文档未达到规范化要求者;

④ 未按时上交毕业论文(设计)全部文档者;

⑤ 学生本人由于特殊原因提出申请,由院(系)答辩委员会审核同意者。

学生原则上只能有一次缓答辩机会,学生缓答辩由所在专业安排,原则上应在一个月后进行,由原指导教师指导,其他仍严格按毕业论文(设计)的工作规定执行。

(9) 剽窃他人成果或请他人代做者，取消答辩资格，毕业论文(设计)作不合格处理并按有关规定重修。

3. 拟订成绩标准

答辩的成绩标准各学校略有不同，试引述一例。

(1) 优秀(90分以上)。观点明确，论据充足，论述深刻，论证严谨；有一定的独创性、科学性；文章结构完整，层次清晰，语言流畅，格式规范；答辩中回答问题正确，重点突出。

(2) 良好(80～89分)。观点明确，内容充实，有一定的理论性，论证较为严谨，逻辑性较强；文章结构完整，层次清楚，语言流畅，格式较规范；答辩中回答问题正确。

(3) 中等(70～79分)。观点明确，内容较为充实，有一定的理论基础；论证较为严谨，逻辑性较强；文章结构完整，层次较为清楚，语言流畅，格式较规范；答辩中回答问题正确。

(4) 及格(60～69分)。观点明确，材料较为具体、充分；能运用所学知识阐述自己的观点；结构较为完整，层次较为清楚，语言通顺，格式较规范；答辩中回答问题基本正确。

(5) 不及格(60分以下)。有下述情形之一者为不及格：观点不明确或有严重政治性错误；材料空泛或虚假，论证片面、紊乱，无逻辑性；结构不完整，层次不清楚，语言不通顺；文章体裁不符合规定；有剽窃、抄袭，由他人代写或其他弄虚作假行为的；答辩者不能回答问题或表现出对自己所提交论文的内容完全不熟悉的。

二、答辩委员会的准备

毕业论文答辩由答辩委员会组织并主持。答辩委员会需要提前做好以下工作。

1. 阅读论文

学生参加答辩的论文，一般会提前半个月左右送到答辩委员会成员手中，答辩委员会成员需要认真阅读，了解其研究的课题和文章中论证的问题。对论文写作的长处和不足之处都需要有全面、细致的了解。

2. 提出问题

阅读论文后，有针对性地提出问题，为答辩做好准备。教师提问虽然没有一定之规，但是有大致的范围和方向，一般都是围绕毕业论文本身进行，提出与学术有关的问题。提问的基本原则是：

（1）理论和实践结合的原则。通过提问，了解学生对本学科基础理论的掌握情况，以及在毕业论文中运用理论去解决具体问题的能力。

（2）难易适中的原则。教师所提问题如果难度太大，学生因为紧张、时间有限等可能会回答不上来。所提问题如果过于简单，又失去了答辩的意义。所以这里也需要把握好“度”的问题，在难与易上适当搭配。一般对指导教师打出“优”等成绩的论文，可以针对其论题适当深入地提出问题，做必要的考查。而对成绩偏低的论文，则提难度较小的问题，做到分别对待。

（3）点面结合的原则。既要注重对专业学科知识的基本检验，也要紧扣论文本身提出具体问题。

（4）形式多样化的原则。在提问的方式上尽量多样化，让学生有选择的余地。有专业知识方面的问题，也有边缘学科知识的问题；既有常识的检验，又有理论深度的探测。

三、答辩者的准备

答辩者是毕业论文的作者和答辩的主体，所以更需要认真做好答辩前的各项准备，以胸有成竹地迎接答辩，并取得好成绩，为毕业论文画上一个圆满的句号。在提交论文给答辩委员会后，答辩者应该做好以下准备。

1. 拟好毕业论文“概述”

要在原文的基础上对全文内容进行综合、概括，并提出要点，以便在答辩进行介绍时使用。要点主要应该包括论文的题目、指导教师姓名；研究这一论题的目的、动机、意义；论文的中心论点，采用的论据、论证方法；写作体会，论题的理论与现实意义。语言要简练，具有概括性。

2. 反复熟悉论文

虽然文章是自己所写，但在答辩前也应再次熟悉，以便答辩时做到烂熟于心，能自然应对教师的提问。这里的熟悉不是指要背下全文，而是要以理性的态度对文章的论点、论据、论证方法进行梳理、总结，尤其要理清论点和论据之间的逻辑关系，检查二者之间的联系是否紧密，有无自相矛盾之处。另外，还要对论点进行多方面的考虑，比如其正确性是否得到体现，和现行政策、时代精神之间有无冲突；其是否成为全文的核心和灵魂；其是否有一定深度，体现出作者发现、创造的精神等。若发现问题，就要及时进行修正。答辩者一定要以认真的态度对待，反复熟悉论文，切不可掉以轻心。

3. 对论文论点的再思考

论点是毕业论文的核心和灵魂，也是答辩中回答问题的关键。很多问题都会围绕它展开，所以答辩前对它进行反复思考是很有必要的。要考虑以下几个问题：它的价值意义何在；它是否得到有效、深入的论证；它有无局限性；它和论文其他部分之间是否体现出严密的逻辑关系等。

4. 对相关知识的准备

对相关知识的准备主要指和毕业论文写作有关系的知识和材料。例如，文中用到的文献资料，其价值、意义体现在哪些方面，文章中所用的材料的来源、真实性等。再深入一点，还可对课题涉及的问题进行拓展，如这一研究论题目前在国际国内所达到的水平，存在哪些有争议的问题，有哪些观点、主张等。这表明答辩者在研究工作上的充分准备和深入探索精神。如在准备《论陈染小说的女性意识》这篇论文的答辩时，除了认真研究陈染的作品之外，对西方女权主义运动的发展历程、女性文学在中国的情况这些相关知识都应该有所准备。这些内容虽然提问中不一定都会问到，但有备无患，准备的过程也是一个全面回顾的过程，对答辩者来说是有益处的。

对答辩者来说，准备的过程既是对论文的复习，也是提高思想水平的过程。应该从不同的角度，以不同的方法多给自己提出问题。也可以从指导教师或者同学那里寻求帮助，请他们对自己的论文“挑刺”，提出不同意见和看法，使自己从中得到有益的启示。这一过程准备得越充分，答辩时就越有信心和勇气。

第三节　毕业论文答辩的一般程序

毕业论文答辩是一项严肃认真的工作。毕业论文答辩前，学校会专门派人安排布置会场，确定具体时间，组织评委会或评审小组。论文作者通常在做好准备工作后，向评委会或评审小组提出申请，然后在指定的时间、地点答辩，并且应提前到场，做好相关准备，以保证答辩的顺利进行。

一、答辩人提交论文

答辩人应该提前半个月将已经完稿并经过指导教师审定且通过后的毕业论文交给答辩委员会，一式三份。有的学校规定还需要同时交上毕业论文的提纲、初稿，以便和定稿进行验证，为教师提问提供依据。

二、答辩程序及资格核定

答辩开始后，答辩委员会主席（或组长）宣布答辩纪律和注意事项。答辩主持人宣布答辩学生的姓名、论文题目。有的学校为了郑重起见，还需要查验学生的相关证件，对其身份、资格进行再次核实。

三、答辩人介绍论文

答辩人有 10～15 分钟时间对论文做概述性介绍。首先应该介绍论文的基本情况，如选题、内容、研究方法等。其次还应对论文的论点论据、结构、结论做简要介绍，让听众对论文有整体印象。最后还可以对论文写作中的体会、感受进行概括、总结，对指导教师的帮助给予感谢。语言要做到简练、生动，体现出答辩者清晰的思路。

四、主答辩教师提问

答辩人介绍完毕后，主答辩教师便要根据论文内容开始提问。一般会有针对性地提出三到四个问题，答辩人要当场做好记录，理清楚问题的要点和回答的重心。如果听不清楚，可以要求教师重复问题或对问题进行解释。

五、答辩人准备

提问完毕后，答辩人会有 10～20 分钟的时间作准备。答辩者需要紧紧围绕教师的提问展开思路，抓住其要点；还要调动平时的知识积累，尽快对问题进行分析、思考，得出合适的结论；并按照思考的顺序，做好简要记录，以便在正式答辩时能沉着冷静地回答好问题。

有的成人教育单位没有为答辩者提供准备时间，而是要求其当场回答问题。这也是一种快速检阅答辩者思维能力和知识结构的方式，要求答辩者做到反应敏捷，及时抓住问题要害并做出回答。

六、答辩人答辩

答辩环节是答辩人对教师提出的问题进行正式回答的环节，是毕业论文答辩的重要环节，也是学生展示才华和学识的重要步骤。即使做了充分的准备，还需要有好的表达，才能顺利完成任务。答辩者应该做到态度大方、庄重，有礼有节；回答问题简明扼要，层次分明；语言准确、流畅、自然；做到谦恭中体现自信，简洁中条理分明，紧紧围绕论文和教师提问展开有理有据的答辩。

答辩者答辩结束后，其他答辩教师及在场的学生也许会根据其答辩的情况，再提出新的问题。答辩者需要调整好心态，耐心听取，认真回答。

七、主答辩教师总结

答辩人完成答辩后即可退场。答辩委员会可以暂时休会，对答辩情况进行分析、讨论，给出评语和成绩。然后再把答辩人召回，由主答辩教师对答辩情况做出结论，肯定其成绩，对存在的问题也要进行适当评说，做到客观公正。同时教师会当众宣读对论文的评语和意见。答辩人要认真听取相关意见，做好记录。最后向答辩教师及在场的同学致谢，礼貌退场。

答辩成绩一般不当场宣布，而是由学生所在院(系)综合评定后再给出最后成绩。

八、成绩评定

毕业论文的最后成绩由答辩委员会综合评定。一般由论文、答辩两个部分组成，各个学校有不同的比例安排。有的学校规定论文的文字部分占总成绩的70%，现场答辩占总成绩的30%。如果答辩未通过，则毕业论文以不及格计。

第四节　毕业论文答辩时应注意的问题

一、提问的问题范围

答辩教师提问的目的是通过毕业论文考查学生的实际能力，涉及的内容以论文为主，也会有所拓展。一般可能涉及的问题范围有以下几方面。

(1) 论文选题理由、文章形成过程、文章结构。

(2) 论文涉及的一些重要概念、定义。

(3) 论文的基本观点、立论根据和主要思想。

(4) 学生对论文的设想，还有哪些问题需要进一步研究和探讨。

(5) 与学生论文相关的其他问题。

具体来讲，答辩教师一般会从以下几方面提问。

(1) 针对毕业论文的真实性提问。例如，通过对材料的来源、论点的确立过程提出问题，借此检验论文是不是学生自己独立完成的。凡是自己动手独立完成论文的同学，这类问题就应该回答得出来。如果论文是别人代笔或者抄袭而来的，就会露出破绽。

(2) 针对作者知识水平提问。这类问题和论文本身关系密切，主要为了检验答辩者知识的深度和广度，以及知识体系是否完备。这类问题从论文中涉及的基本概念、相关理论和专业知识等角度展开，要求答辩者有一定的专业功底，平时注重对知识的掌握和运用。

（3）针对论文存在的问题提问。作为初学作者，学生在毕业论文写作中不可避免地会存在一些偏差甚至错误。教师在答辩中要针对论文中不够周全、严密的地方提出问题，并请学生阐释自己对这一问题的认识，从而帮助其发现问题所在。因为教师的知识结构完备并具有一定的思想深度，所以对问题有比较深入的认识理解，在弥补学生毕业论文不足的同时，对其思路也会起到拓展的作用。

答辩教师一般有三次提问的机会，在遵循以上原则要求的基础上，还要根据毕业论文的具体内容提出问题。总之，提问既要体现出教师的水平，又要给学生发挥“辩”才的机会，能在回答阐释中展示出其真实水平。

二、教师提问的方式方法

因为答辩的场面比较正式，学生易有紧张的情绪和心态，所以教师在提问时要注意方式方法，既要给学生发挥才能的机会，又不至于影响他们的情绪和表达。从心理学的角度考虑，应该遵循以下原则。

1. 先易后难的原则

教师提问时应该先提比较简单且容易回答的问题，让学生有一个心理缓冲的机会，以增强其答辩的自信。如果一上来就提出很难回答的问题，就有可能使学生回答不好而影响到情绪，以至于后面无法正常发挥。

2. 逐步深入的原则

逐步深入的原则主要用于检测学生对知识的掌握情况。教师提问不宜过于笼统和概括，可以采用化整为零的方法从不同角度切入。例如，在对《鲁迅小说中的月夜意象》这篇论文进行提问时，可以从以下具体问题入手：什么是意象？鲁迅小说中月夜意象的内涵是什么？体现在哪些具体作品之中？它和鲁迅的精神世界有什么内在联系？如果学生能够层层深入地回答这几个问题，说明其对该论题确实有一定研究，具备一定的专业知识和分析解决问题的能力。如果回答不上来，或者断章取义，那就说明文章写作中可能存在问题。

3. 循循善诱的原则

答辩中如果出现学生回答不上问题，或者能回答上问题但观点和教师不一致的情况，教师不要当众给予批评或者嘲讽，而应该以温和的态度对其进行引导，应体现出师者风范、长者度量。在用语上教师也应注意避免出现否定性的词语，而是尽量艺术性地化解问题，既要让学生意识到自己文章存在的问题，又要让其心服口服。

有人说答辩是一种不平等的关系，教师是考核者，学生是被考核者。但是，这种不平等是建立在对知识和学术考查的基础上，建立在教与学的基础上，并不是人格的不平等。所以答辩中要互相尊重、有礼有节。即使是对学术问题的探讨、交流也要以平等的态度进行，使教与学的双方都能心平气和，获得比较大的收获。

尤其是对待某些成绩较差或者心理素质较差的学生，当回答不上问题，甚至东拉西扯时，答辩教师更需要本着耐心的态度，尽量启发引导，使之能回到论文涉及的问题上来。

三、答辩中可能出现的问题

毕业论文答辩和学生平时的考试、考查都不相同，它既需要扎实的知识、理论作基础，还需要答辩者具备一定的“辩”才和灵活应变的能力。同时，对论文的熟练掌握也是回答好问题的关键。如果其中哪一点准备不够周全，答辩过程中都有可能会出现一些问题，从而影响论文的成绩评定。所以，了解一下答辩中容易犯的错误，可以吸取他人的教训，扬长避短，为自己的答辩提前做好心理准备。

答辩中常出现的问题有以下几种。

1. 自信心不足

答辩，顾名思义，不仅要回答教师提出的相关问题，还要有一定的论辩色彩，对某些问题要阐释自己的观点、看法；在和教师的意见不一致时，更需要通过答辩说服他们接受自己的观点。所以答辩是学生综合素质的具体体现。但是，也有一部分学生，平时锻炼不够，缺少相关经验和表达技巧，在答辩场上难免会出现自信不足而导致的尴尬局面，如面红耳赤、语无伦次，或者顾虑太多，生怕答错问题而使自己的成绩受到影响等。

要避免这种情况的发生，不是靠一时一事就能达到的，它需要学生平时注意个人素质的锻炼，要充分意识到现代社会是一个充满竞争的社会，自信、从容的心理素质是一个人成功的重要基础，自我推销、自我设计和自我包装早已经是必备的素养。平时必须加强个人综合能力训练，视答辩为一场实战演习，这样才不会紧张、惶恐、失去自信。

2. 答辩准备不充分

准备不充分就仓促上阵，这是轻敌的表现。答辩会场虽然不是战场，但也是一次重要的演习机会，需要认真对待，绝不可掉以轻心。有的同学会因为忽略答辩前的准备工作，导致正式答辩时对论文中的内容不够熟悉，加上平时基础不扎实，回答提问时就会出现被动的情况。

虽然论文是答辩者自己写作的，但如果不认真准备，也会因为对内容缺少概括提炼而出现照本宣科的情况。答辩过程中，只有对论文的论点、论据、论证方法做精心的准备，理清楚文章的逻辑关系，才能有条理地进行介绍、阐释，从容应对各种提问；否则论文的内容会杂乱无章，难以在较短的时间内整理清楚。所以，充分、认真的准备，是答辩成功的基础和保证。

3. 对论文的介绍不清楚

在十几分钟的时间里要将一篇七八千字的文章介绍清楚，让人留下清晰明了的印象不是一件容易的事情。这需要答辩者拥有比较强的逻辑思维能力，在答辩前认真写好论文概述，对论文内容做出高度概括，突出主要论点、论据，以简要的语言将自己研究的问题和思想观点传达给听众。介绍不清论文的情况在答辩中时有发生，以致答辩教师和旁听学生无法在较短的时间内把握住文章要点，理清作者的思路。其主要原因是答辩者准备不足或者缺少概括问题的能力。

4. 记录问题不准确

记录的目的是考核学生的快速反应能力和综合分析问题的能力。记录准确才能保证准确回答教师的提问，不至于偏题跑题。而有的学生会因为紧张或者理解能力不够强，对教师的提问不能准确记录，只记下只言片语，其结果难免断章取义、答非所问。

5. 回答问题不切题

准确回答问题是对学生思维能力、综合能力的考验，也是论文答辩的最后一个环节。这关系到答辩者给答辩教师的印象，以及论文成绩的评定。回答问题不切题主要表现为答辩者抓不住问题的要点，答非所问，东拉西扯。这和答辩者的个人素质以及答辩前的准备是否充分有密切关系。

四、应对策略和技巧

对学生而言，因为经验不足，答辩中出现某些失误是不可避免的。但也不是没有应对的策略和技巧，在准备充分的基础上，掌握一些应对方法，也许能避免一些不必要的失误。主要有以下几点可供参考。

1. 讲究文明的礼仪

文明礼貌是一种修养，主要体现在个体的言谈举止上。在答辩会场上，学生本人应该对教师表现出必要的敬重。中国自古就是礼仪之邦，有尊师重教的优良传统。答辩会上的文明礼貌，如进场、退场时都应该有礼貌用语，有身体的体态语，会增加人们对答辩者的良好印象，让人感知到答辩者的修养。

另外，学生在倾听提问时要全神贯注，和教师有目光的交流，体现出应有的礼貌和尊重；在回答问题时则要有谦虚的态度，坦诚相待，把自己对问题的理解有条理地表达出来。除了尊重教师外，对旁听的同学也应该体现出礼貌和修养，和他们有适当的交流，当有人提问时也要认真回答。

文明礼貌的行为虽然是一种外在的表现，却是修养的体现。在答辩会场这种精神和思想交流的高雅场所，它是必需的行为，对毕业论文的答辩可以起到良好的辅助作用。

2. 分清问题的主次

分清问题的主次主要是针对教师提问而言的。教师一连提出两三个问题，都需要答辩者现场进行回答。这时就要充分发挥答辩者的主观能动性，调动思维能力参与到对问题的分析判断中去。关键要学会分清主次，问题中哪个是最重要的，哪个是次要的，都要有清醒的把握。对重要的问题要深入分析，抓住要害，次要的问题则安排在后面回答。

对问题做主要和次要之分，是针对它们对答辩者的意义而言的。有的问题有一定理论深度，能展示出答辩者的知识和理论水平；有的问题只是对一般知识的检测。有的问题和中心论点紧密相关；有的只是一般验证。

3. 回答问题的技巧

回答问题有以下技巧。首先，认真听清教师提问，并做好记录。其次，在很短的时间内，要对所提问题进行分析判断，经过认真思考找到正确答案。再次，要注意语言表达的方法技巧，即回答问题时声音要洪亮、清晰，以自信的语调阐释自己对问题的理解。切忌犹豫、含混、声音太低，这容易给人留下不自信的印象。

回答问题时还要注意理清楚问题之间的逻辑关系，对它们进行简明扼要的表述。对某些有难度回答不出的问题，不可强辩。有的学生因为要面子，对自己不理解的问题会硬着头皮回答，结果反倒暴露出自己的弱点。学生应该明白一点，自己面对的是教师、专家，在他们面前偶尔有一个问题回答不上来是正常的。这时可以当场向教师请教，倾听他们对问题的解答并致谢。

遇到和教师观点不一致的问题时，可以适当展开辩论，以澄清对问题的认识。但必须是有独到的理解，或者确有新的发现，以求知的态度进行求证。不可强辩，要注意分寸感，也可以在答辩结束后另找时间和教师进行交流。

总之，答辩是一门艺术，需要平时就注重学习和训练，提高自己的综合素质，以扎实的专业基础和良好的个人素养使自己向成才的方向稳步迈进。

论文答辩不踩雷

学位论文答辩不仅是对学位论文学术质量的评审，更是对本科生综合素养的考查，学位论文答辩的成功与否决定了其能否顺利获得学位，其重要性可见一斑。通过对以往学位论文答辩的观摩、参与和分析，笔者总结了论文答辩中常见的几类问题，希望能为即将参加学位论文答辩的学生提供一些参考。

问题一：论证不严谨。很多学生在撰写学位论文的过程中，只注重观点的呈现，忽视了论证观点的合理性与科学性，论文写作的主观因素较多，许多观点没有较好的理论支撑，经不起逻辑上的推敲。这样就导致许多学生在论文答辩时，面对老师提出的问题无法给予科学严谨的回应，常常呈现出顾左右而言他的状态，全然一副学术空架子，这是论文答辩时最大的硬伤，答辩者应当给予格外重视。

问题二：陈述不凝练。基于以往观察，笔者发现很多学生在进行论文答辩时所呈现的 PPT 都存在着相似的问题，比如文献综述、研究方法、论证与论据等重要部分的展示都是论文文稿的整段复制，整个屏幕上充斥着大篇幅的文字，而答辩者通常会选择将屏幕上的文字整段读出来。其实，评审老师手中都有每一位答辩者的论文成稿，此举既浪费评审者的时间，又会让答辩的陈述环节显得枯燥与烦冗，这样的答辩设计无疑是不受评审老师欢迎的。

问题三：细节不认真。人们常说："态度决定一切。"诚然，良好的态度可以带来更好的实践效果。许多学生在答辩时经常表现出忽视细节的毛病，给评审老师留下不好的印象。例如，PPT 上的文字出现错别字、错误的标点符号、字体字号不统一的状况；PPT 的背景颜色和插图样式的选用不够严肃认真；个别学生的 PPT 设计呈现出娱乐性的风格，与论文答辩的学术气质严重不符。这些虽然不是答辩的致命伤，却不被答辩评审老师所喜欢。

第十二章
学术不端行为的内涵及防范

思政寄语

对突出的诚信缺失问题，既要抓紧建立覆盖全社会的征信系统，又要完善守法诚信褒奖机制和违法失信惩戒机制，使人不敢失信、不能失信。对见利忘义、制假售假的违法行为，要加大执法力度，让败德违法者受到惩治、付出代价。

——习近平在中共中央政治局第三十七次集体学习时的讲话

第一节　学术不端行为的概念及分类

2019 年 5 月 29 日，国家新闻出版总署正式发布了《学术出版规范　期刊学术不端行为界定》行业标准(CY/T 174—2019)，规定于 2019 年 7 月 1 日开始正式实施。该标准对论文作者的剽窃、伪造、篡改、不当署名、一稿多投、重复发表、违背研究伦理等学术不端行为进行了明确的分类和界定；对审稿专家的违背学术道德的评审、干扰评审程序、违反利益冲突规定、违反保密规定、盗用稿件内容、谋取不正当利益等学术不端行为进行了分类；对编者的违背学术和伦理标准、违反利益冲突规定、违反保密要求、盗用稿件内容、干扰评审等学术不端行为进行了分类。

一、学术不端行为的概念

学术不端行为是指在学术研究过程中出现的违背科学共同体行为规范、弄虚作假、抄袭剽窃或其他违背公共行为准则的行为。国际上一般用来指捏造数据(fabrication)、篡改数据(falsification)和剽窃(plagiarism)三种行为。但是，一稿多投、侵占学术成果、伪造学术履历等行为也可包括进去。

学术不端行为在世界各国、各个历史时期都曾经发生过。当前我国不仅表现为违反规定者众多、违规行为发生频繁，还涉及从院士、教授、副教授、讲师到研究生、本科生的各个层面。由于高校缺乏学术规范、学术道德方面的教育，学生在学习、研究过程中发生不端行为，经常是对学术规范、学术道德缺乏了解或认识不足造成的。因此，对学生，特别是对研究生进行学术规范、学术道德的教育，防患于未然，是遏制学术腐败、保证中国学术研究能够健康发展的一个重要措施。

二、学术不端行为的分类

学术不端行为分为四类：抄袭、伪造、窜改及其他。其他主要包括一稿多投、不正当署名、一个学术成果多篇发表等不端行为。

1. 抄袭

(1) 按抄袭的内容，可作以下分类。

① 论点(结论、观点)抄袭：抄袭他人受著作权保护的作品中的论点、观点、结论。

② 论据论证(实验和观测结果分析)抄袭：抄袭他人受著作权保护的作品中的论据、论证分析、科学实验(对象及方法)、观测结果及分析、科学调研、系统设计、问题的解决方法等。

③ 表格数据抄袭：窃取他人研究成果中的调研、实验数据，或者照搬挪用他人以独创形式表现的数据，将其据为己有。

④ 图像图形抄袭：窃取他人研究成果中的独创性图像、实验图像，或者照搬挪用他人以独创形式表现的图像、图表，将其据为己有。

⑤ 概念(定义、原理、公式等)抄袭：窃取他人受著作权保护的作品中的独创概念、定义、方法、原理、公式等。

⑥ 文章套改：套改他人作品的表述结构(或者情节)、观点表达体系、参考文献等。

⑦ 引言抄袭：挪用剽窃他人作品引言(或绪论)，包括研究工作的目的、范围、相关领域的前人工作和知识空白、理论基础和分析、研究设想、研究方法和实验设计、预期结果和意义等。

(2) 按抄袭文字的篇幅，可作以下分类。

① 句子抄袭：其表现形式主要有整句照抄；整句意思不变、句式不同，如将复合句变为多个简单句，将直接引用变为间接引用，将“把”字句变为“被”字句，改变表达方式、修辞等；整句意思不变，同义替换。

② 段落抄袭：其表现形式主要有整段照搬；稍改文字叙述，增删文句，实

质内容不变，包括段落的拆分合并、段落内句子顺序的改变等。

③ 章节抄袭：照搬或者基本照搬他人作品的某一章或几章内容。

④ 全篇抄袭：全文照搬。

删简(删除或简化)，指将原文内容概括简化、删除引导性语句或删减原文中其他内容等。替换，指替换应用或描述的对象。改头换面，指改变原文文章结构或改变原文顺序，或改变文字描述等。增加，一是指简单增加，即增加一些基础性概念或常识性知识等；二是指具有一定技术含量的增加，即在全包含原文内容的基础上，有新的分析和论述补充，或基于原文内容和分析发挥观点。

2. 伪造

伪造类学术不端行为是指不以实际观察和实验中取得的真实数据为依据，而是按照某种科学假说和理论演绎出期望值，伪造虚假的观察与实验结果，一般有伪造实验数据和样品、伪造证据等形式。伪造类学术不端行为的特点是：新研究成果中提供的材料、方法、数据、推理等不符合实际，无法通过重复实验再次取得，有些甚至连原始数据都被删除或丢弃，无法查证。

3. 窜改

窜改是指科研人员在取得试验数据后，按照期望值随意改动或取舍数据，以符合自己的研究结论，一般有主观取舍数据和窜改原始数据等形式。

4. 其他

1）一稿多投

一稿多投是指同一作者将同一篇论文(或者是题目不同而内容相似的论文)同时或几乎同时投给两家学术刊物，同时发表或先后发表。这种一稿两投或两发被认定为是有违学术道德的，原因在于它浪费了编辑为审阅处理编发稿件所付出的宝贵时间和精力，浪费了刊物及刊物购买者的宝贵资金，并且容易引起期刊单位之间的产权纠纷。

2）不正当署名

根据《中华人民共和国著作权法》的规定，署名权是作者经智力活动创作后，在所形成的作品(含复印件)上标示姓名的权利。署名权作为著作权中的一项人身权利，既表明作品的作者身份，又反映作者与作品的内在联系。享有署名权的主体是真正的作者。法律禁止在他人作品上随意署名，即使作者本人在自己的作品上署上他人姓名，也系无效法律行为。不正当署名包括：无端侵占他人成果，使该署名者不能署名；无功者在作品中“搭便车”；擅自在作品上标示知名作者的姓名，抬高自己作品或者出版物的声誉。

3）一个学术成果多篇发表

一个学术成果多篇发表是指将一篇论文拆成几篇发表，一次性成果多次反复使用，同一成果被拆分成多篇文章发表，同一实验被分成多种角度阐发。这种行为容易导致有限资源的浪费，影响恶劣。

第二节　如何避免学术不端行为

学术研究像人类的其他行为一样会出现种种错误。这些错误大体上可以分为三类：一类是限于客观条件而发生的错误。这类错误难以避免，也难以觉察，随着科学的进步才被揭示出来，犯错误的科研人员没有责任，不该受到谴责。一类是由于马虎、疏忽而发生的失误。这类错误本来可以避免，是不应该发生的，但是犯错者并无恶意，是无心造成的，属于"诚实的失误"。犯错者应该为其失误受到批评、主动承担责任，但这属于工作态度问题，并没有违背学术道德。还有一类是学术不端行为。这类错误本来可以避免，但是涉事者有意让它发生了，存在主观恶意，违背了学术道德，应该受到舆论谴责和行政处罚，乃至被追究法律责任。

一、数据处理

研究结果应该建立在确凿的实验、试验、观察或调查数据的基础上，因此论文中的数据必须是真实可靠的，不能有丝毫的虚假。研究人员应该忠实地记录和保存原始数据，不能捏造和窜改。虽然在论文中由于篇幅限制、写作格式等无法全面展示原始数据，但是一旦有其他研究人员对论文中的数据提出疑问，或希望做进一步了解，论文作者应该能够向质疑者、询问者提供原始数据。因此，在论文发表之后，有关的实验记录、原始数据仍然必须继续保留一段时间，一般至少要保存 5 年。如果论文结果受到了质疑，就应该无限期地保存原始数据以便接受审核。

如果研究人员没有做过某个实验、试验、观察或调查，却谎称做过，无中生有地编造数据，这就构成了严重的学术不端行为之一——捏造数据。如果确实做过某个实验、试验、观察或调查，也获得了一些数据，但是对数据进行了窜改或故意误报，虽然不像捏造数据那么严重，但是这同样是一种不可接受的不端行为。常见的窜改数据行为包括：去掉不利的数据，只保留有利的数据；添加有利的数据；夸大实验重复次数（例如只做过一次实验，却声称是三次重复实验的结果）；夸大实验动物或试验患者的数量；对照片记录进行修饰。

人们已习惯用图像软件对图像数据进行处理，从而绘制论文插图，因此又出现了窜改数据的新形式。例如，由于原图的阳性结果不清晰，就用图像软件添加结果。如果没有窜改原始数据，只是通过调节对比度等方式让图像更清晰，这是可以的，但是如果添加或删减像素，则是不可以的。

二、论文撰写

在撰写论文时，首先要避免剽窃(或抄袭，在本书中，对剽窃和抄袭二词的使用不做区分)。剽窃是指在使用他人的观点或语句时没有做恰当的说明。论文撰写的认识误区表现在以下几个方面。

(1) 认为只有剽窃他人的观点(包括实验数据、结果)才算剽窃，而照抄别人的语句则不算剽窃。例如，有些人认为，只要实验数据是自己的，那么套用别人论文中的句子来描述实验结果就不算剽窃。也有人认为，只有照抄他人论文的结果、讨论部分才算剽窃，照抄他人论文的引言部分则不算剽窃。以上这些认识都是错误的。即使是自己的实验数据，在描述实验结果时也必须用自己的语言描述，不能套用他人的语句。引言部分在介绍前人的成果时，也不能直接照抄他人的语句。

(2) 认为只要注明了文献出处，就可以直接照抄他人的语句。在论文的引言或综述文章中介绍他人的成果时，不能照抄他人论文或综述中的表述，必须用自己的语言进行复述。如果是照抄他人的表述，则必须用引号把照抄的部分引起来，以表示是直接引用；否则，即使注明了出处，也构成文字上的剽窃。虽然对科研论文来说，剽窃文字的严重性比不上剽窃实验数据和结果，但这同样是一种剽窃行为。

三、论文署名

只有对论文的工作做出了实质贡献的人才能够作为论文的作者。论文的第一作者是对该论文的工作做出了最直接的、最主要的贡献的研究者，一般是指做了论文中的大部分或全部实验的人。论文的通讯作者是就该论文负责与期刊、外界联系的人，一般是论文课题的领导者，为论文工作确定了总的研究方向，并且在研究过程中，在理论或技术上对其他作者进行了具体指导。多数情况下，通讯作者是第一作者的导师或上司，但是也可以是第一作者的其他合作者或第一作者本人。论文的其他作者应该是对论文工作做出了一部分实质性贡献的人，例如参与了部分实验工作。

在确定论文的署名时，要注意不要遗漏了对论文工作做出实质性贡献的人，否则就有侵吞他人学术成果的嫌疑，同时也不要让没有做出实质性贡献的人挂名。第一作者的导师、上司或赞助者并不必然就是论文的通讯作者，如果他们没有对论文工作进行过具体指导，也不宜担任论文的通讯作者或其他作者。论文的合作者应该是对论文工作做出了实质性贡献的人，如果只是曾经对论文工作提出过某些非实质性的建议，或者只是在某方面提供过帮助(例如提供某种实验试剂，允许使用实验仪器，或帮助润色论文的写作)，那么也不宜在论文中挂名，而应该在论文的致谢中表示谢意。有的国际学术期刊(例如英国的《自然》杂志)鼓励投稿者在论文尾注中具体说明各个作者对论文所做的贡献。

论文一般由第一作者或通讯作者撰写初稿，然后向共同作者征求意见。论文的任何结论都必须是所有的作者一致同意的，如果某个作者有不同意见，那么他有权利退出署名，撤下与其有关的那部分结果。在论文投稿之前，所有的作者都应该知情并签名表示同意，不应该在某个人不知情的情况下就把其列为共同作者。

一篇论文一般只有一名第一作者和一名通讯作者。如果有两个人的贡献确实难以分出主次，可以以注明两人的贡献相等的方式表明该论文有两名第一作者。但是一篇论文有多于两名的第一作者，或有多于一名的通讯作者，都是不正常的现象，会让人猜疑是为了增加一篇论文在评价工作中的使用价值所做的安排。

论文的署名是一种荣耀，也是一种责任。如果在论文发表后被发现存在造假、剽窃等问题，共同作者也要承担相应的责任，不应该以不知情为借口，试图推卸一切责任。造假者、剽窃者固然要承担最主要的责任，但是共同作者也要承担连带责任。因此，不要轻易在自己不了解的论文上署名。

四、论文发表

在有同行评议的学术期刊上发表论文，是发布学术成果的正常渠道。重要的学术成果应该拿到国际学术期刊上发表，接受国际同行的评议。

一篇论文只能投给一家期刊，只有在确知被退稿后，才能改投其他期刊。许多学术期刊都明文禁止一稿多投或重复发表。一稿多投浪费了编辑和审稿人的时间，重复发表则占用了期刊宝贵的版面，并且有可能出现知识产权的纠纷(许多期刊社都要求作者把论文的全部或部分版权转交给他们)。如果一组数据已经在某篇论文中发表过，就不宜在新的论文中继续作为新数据来使用，否则也会被当成重复发表。如果在新论文中需要用到已发表论文的数据，应该采用引用的方式注明文献出处。

先在国内期刊上发表中文论文，再在国际期刊上发表同一内容的英文论文，这种做法严格来说也是重复发表，但是由于有助于促进国际交流，所以也没有必要深究。但是不宜先发表英文论文，再翻译成中文论文重复发表。

在论文发表之前，不宜向新闻媒体宣布论文所报告的成果。一些国际学术期刊(例如英国的《自然》杂志)都规定不应把论文结果事先透露给新闻媒体，否则有可能导致退稿。

研究者对未发表的成果拥有特权，有权不让他人了解、使用该成果。期刊编辑、审稿人不能利用职务之便向他人透露或自己使用受审论文提供的新信息。但是研究成果一旦写成论文发表，就失去了特权，他人有权做恰当的引用和进一步了解该成果的细节。国家资助的成果发表后应该与同行共享。

五、学术履历

学术履历可以让他人客观、准确地了解、评价一个人的受教育经历和学术成就，因此应该只陈述事实，不要作主观评价，更不要拔高、捏造学历和成果。

我国习惯于把还在攻读博士学位的研究生提前称为博士，但是在正式的介绍和学术履历中，不应该把还未获得博士学位的博士研究生写成博士。在履历中应该写明自己获得各种学位的时间，如果还未获得，可注明预计获得的时间。

由于美国医学教育属于研究生教育，美国医学院毕业生一般都获得医学博士学位(M. D.)，毕业后可以从事博士后研究，这就导致中国医学院毕业生虽然只有学士、硕士学位，也可以以从事博士后研究的名义到美国实验室工作。这是中美两国的教育体制不同造成的“误会”。这种特殊的“博士后”不应该因此就在学术履历中声称自己有博士后研究经历，因为很明显，一个没有博士学位的人是不可能做博士后研究的。

在介绍自己在国外的学习、研究经历时，不应该利用中英表述的差异，通过“翻译技巧”来拔高自己在国外的学术地位和学术成就。例如，不应该把博士后研究人员(Postdoctoral Research Fellow)翻译成“研究员”，让人误以为是同中国研究员一样与教授平级的职称；不应该把在国外获得的研究资助称为“获奖”，虽然这类研究资助的名称中有时会用到award一词，但是与因学术成就而获得的奖励(prize)是不同的。

第三节　学术不端行为的典型案例及危害

一、学术不端行为的典型案例

1. 国内学术不端行为案例

我国多所高校曾相继卷入学术造假事件。从造假事件的披露来源——学术打假网站来看，中国存在类似事件的高校绝不仅仅只有这些，关于学术不端、学术腐败、项目造假、论文抄袭等的举报和揭露不胜枚举。

以下为一些国内学术不端行为案例。

(1) 2022 年 5 月 30 日，西安电子科技大学收到有关计算机科学与技术学院本科生雷某某、卢某某涉嫌学术不端问题的反映，学校高度重视，立即成立调查组开展核查工作。经查，雷某某、卢某某两名学生在做毕业设计过程中通过网络平台购买代码，并通过购买的代码完成论文的部分实验结果。经学院学术委员会认定、学校学风建设委员会确认，雷某某、卢某某存在学术不端行为。依据相关规定，学校研究决定给予雷某某、卢某某两名学生留校察看一年处分，其间不得申请学位；取消卢某某研究生推免资格。

(2) 2020 年 7 月 8 日，一起疑似论文抄袭事件被曝。天津大学软件学院软件工程专业 2018 届硕士毕业生刘某某的硕士学位论文《基于 J2EE 的环保管理系统的设计与实现》，与同年毕业的厦门大学信息学院软件工程专业学生林某的硕士学位论文《基于 J2EE 的环保管理系统的设计与实现》，在标题、摘要、关键词以及正文的结构、内容、图表等方面雷同或高度相似，多个段落一字不差，论文中的致谢、参考文献部分也十分相似。7 月 10 日晚，天津大学、厦门大学就“两硕士论文雷同”一事分别发出调查处理通报。通报称，两名涉事学生存在由他人代写、买卖论文的学术作假的行为，均撤销其所获硕士学位，收回、注销硕士学位证书。

(3) 2019 年初，影视明星翟某某高调地晒出北大光华管理学院博士后录取通知书。随后网友发现，能够公开检索到的翟某某的两篇论文，其中一篇涉嫌抄袭。这篇题为《谈电视剧〈白鹿原〉中“白孝文”的表演创作》的论文，全文只有 2800 余字，其中有 1646 字的内容与他人发表内容一样。此文遭到了被抄袭者、黄山学院黄立华教授的谴责：“我十几年前(发表的论文)，被其整段整段抄袭，事实胜于雄辩。”除了上述涉嫌抄袭的论文之外，网友却找不到翟某某发表的其他期刊论文。按照北京电影学院的相关要求，如果读博期间没有在学术期刊发表过至少两篇学术论文，翟某某是不可能拿到博士学位的。此外，《谈电视剧〈白鹿原〉中“白孝文”的表演创作》一文在 2 月 10 日已经被从知网上撤下。随后，北京大学、北京电影学院开展调查。北京电影学院正式发布“翟某某涉嫌学术造假”事件调查结果，认定翟某某在进行《谈电视剧〈白鹿原〉中“白孝文”的表演创作》论文创作时，使用了其他专家的观点，但并未进行注释说明，“存在较为突出的学术不规范、不严谨现象”，存在学术不端的状况。宣布撤销翟某某博士学位，同时撤销其导师陈某的博导资格。

(4) 2019 年 3 月 27 日，曝出湖南大学硕士毕业生刘某某完成于 2018 年 4

月的硕士论文《腐败对企业逃税的影响研究》涉嫌抄袭2017年国家自然科学基金项目申请书，而刘某某的硕士生导师洪副教授正是2017年国家自然科学基金项目的评审专家。两篇论文累计重复15 626字。4月2日，湖南大学通报了关于该校学生刘某某硕士学位论文涉嫌学术不端问题的处理结果，决定撤销刘某某硕士学位，给予其导师洪某警告处分，取消其导师资格，调离教学岗位。

2. 国外学术不端行为典型案例

(1) 2022年，一家知名研究杂志向斯坦福校报《斯坦福日报》证实，该校校长马克·泰西耶·拉维涅与人合著的一篇论文存在科学不端行为，并有指控称这位校长篡改了论文中的多张图片。目前正在接受审查的出版物包括其2001年发表在《科学》杂志上的两篇论文、2003年发表在《自然》杂志上的一篇论文和2008年发表在欧洲分子生物学组织《EMBO》杂志上的一篇论文。

《每日邮报》记者西奥·贝克与生物学家、科学不端行为调查员伊丽莎白·比克等不端行为专家讨论了这四篇论文，比克是发现篡改图片的专家，她认为这些论文存在“严重问题”。

马克·泰西耶·拉维涅从2016年起担任斯坦福大学校长，在此之前，他曾指导包括Genentech和Regeneron两家公司在内的1000多名科学家。这位校长还是位业界出名的“高薪校长”，履历光鲜。面对这些指控，斯坦福大学也启动自己的审查，过程由校董事会监督。陷入舆论风波的马克·泰西耶·拉维涅则表示：“科学诚信对大学和我个人来说都是最重要的。我支持这一进程，并将全力配合，感谢董事会的监督。”

(2) 卡洛·克罗齐是美国国家科学院院士，在俄亥俄州立大学(OSU)任研究员，他因研究基因在癌症中的作用而名声大噪。作为首席研究员，卡洛·克罗齐在他的职业生涯中获得美国联邦拨款超过1亿美元，还获得了很多奖项。多年来，卡洛·克罗齐研究团队一直深陷在抄袭论文和伪造图像的指控中。在卡洛·克罗齐参与撰写的论文中，有11篇已被撤回，还有21篇需要更正。2021年9月，OSU撤销了卡洛·克罗齐的讲席教授和人类癌症遗传学主席的职位。

(3) 2022年，媒体报道，来自西班牙科尔多瓦大学的知名科学家拉斐尔·卢克因某些原因已经被校方停职停薪13年。根据科尔多瓦大学的官方介绍，拉斐尔·卢克教授是被科睿唯安2018年、2019年和2020年评选出的高被引研究员，已经发表了约700篇论文(西班牙最高产的科学家之一)。来自英国的工程师尼克·怀斯(在业余时间会进行学术打假)却意外发现拉斐尔·卢克教授与买卖论文的“论文工厂”有关。

二、学术不端行为的危害

学术不端行为败坏科学界的声誉，阻碍科学进步。学术的意义是求真，探求真理应该是每个学者的崇高职责，诚实也应该是治学的最基本的态度。人类很难找出还有哪一种像学术这样强调真实的活动，学者也因追求真实受到公众的敬仰，甚至被视为社会的良心。如果科学界的声誉由于学术不端行为的频发而受到严重损害，败坏了科学研究在公众心目中的形象，那么必然会阻碍科学的进步，因为做科学研究是需要全社会支持的，需要有科研资金的提供，需要有一个比较好的科研环境。没有了这些因素，科学就很难发展。

学术不端行为也直接损害了公共利益。科学研究在很大程度上都在使用国家资金，学术造假就是在浪费纳税人的钱。有的学术造假是和经济腐败相勾结的，是为了推销假药、假产品的，那么这就是在骗消费者的钱，危害消费者的身体健康。

学术不端行为违反学术规范，在科研资源、学术地位方面造成不正当竞争。如果靠剽窃、捏造数据、捏造学术履历就能制造出学术成果、获得学术声誉、占据比较高的学术地位，那么脚踏实地、认认真真搞科研的人，是竞争不过造假之人的。学术造假还对同行造成了误导。如果有人相信了虚假的学术成果，试图在其基础上做进一步的研究，必然是浪费了时间、资金和精力，甚至影响到学位的获得和职务的升迁。受造假者最直接危害的往往是同一实验室、同一研究领域的人。

因此，人人都有权利维护学术规范、学术道德，维护学术规范、学术道德也是在保护自己的利益。

国外大学对于学术不端的处理办法

1. 学术不端行为

不同国家和不同院校对学术不端行为的界定稍有不同，但总体方向都是一致的，多针对抄袭、作弊等不良行为。爱丁堡大学对 Academic Misconduct（学术不端）的分类较为细致，包括六种行为，分别是 Plagiarism（抄袭）、Collusion（共谋）、Falsification（篡改）、Cheating（作弊）、Deceit（欺骗）和 Personation（冒充）。

2. 学术不端行为的后果

抄袭、作弊之后，轻则重新完成作业或减少考试成绩，重则牵扯到被开除、损坏个人信用等级，甚至被判处刑罚。

根据麻省理工学院的官网，“学术不端行为带来的后果非常严重，有可能被勒令中止在校学习，甚至被开除”。美国得克萨斯州的官网也指出，若学生有学术不端行为，相关作业或考试的成绩将被扣除，还需完成额外的学术任务。美国设立了监督和处罚学术不端行为的科研诚信办公室，还颁布了《关于科研不端的美国联邦政策》。根据该政策，若出现学术不端行为，在接受调查后会被采取相应的惩罚措施。如果性质过于严重，牵扯到民事或刑事的违法事件，甚至还会被移交司法部门进行调查。学术不端可能带来被判刑的后果。

英国将高校学生作弊等学术不端行为纳入了信用机制评判的标准，若产生了不良学术行为，该学生的个人信用等级将受到一定程度的减损。这一信用机制范围广阔，覆盖全国，留学生的相关信息也在其中，一举一动都可能牵扯到信用评判。如果信用程度低，无论是找工作，还是租房、办理银行账户等日常行为都会受到一定的限制。

第十三章

优秀毕业论文评选及范文

离娄之明，公输子之巧，不以规矩，不能成方圆。

——《孟子·离娄上》

第一节　优秀毕业论文评选标准

毕业论文(设计)是培养人才过程中非常重要的教学环节，然而，目前该项工作存在着诸多问题，如对毕业论文的重要性认识不足，学生因毕业实习、找工作等冲突而不能专注于论文工作，指导教师数量不足、科研能力参差不齐，管理制度不够完善、经费投入不足等。为此，要采取如健全相关的管理制度、加强质量监控、增加经费投入、加强指导教师培训和正确引导毕业生合理安排毕业论文(设计)与其他工作的关系等措施来提高毕业生论文的质量。优秀毕业论文(设计)评选成为激励学生在撰写毕业论文(设计)的过程中勤奋钻研、勇于创新、不断提高毕业论文(设计)质量的有效方式。

优秀毕业论文评选是一个层层递进的过程。首先是院级优秀毕业论文，其次是校级优秀毕业论文，最后是省级优秀毕业论文，评选级别越高，评选要求及标准逐级提高。各高校可以根据自身特色制订相应的评选标准。

一、院级优秀毕业论文评选

应届毕业生的毕业论文(设计)可以推荐参加当年学院优秀毕业论文(设计)评选。参评的毕业论文(设计)须具备以下条件：

(1) 必须为系级优秀毕业论文(设计)；

(2) 选题科学，符合本专业教学要求，有利于巩固和扩大知识面，有利于综合能力的培养；

(3) 能够较好地体现本专业基本知识、基本技能的综合应用；

(4) 主题突出，论点鲜明，论据充分，结构严谨，层次分明，语言流畅；

(5) 重点推荐具有一定的创新性，或具有一定的学术水平、独到见解和实用(参考)价值的毕业论文(设计)。

二、校级优秀毕业论文评选

凡自主完成毕业论文(设计)，文本内容与格式符合规范及学术诚信标准，语言准确、文字流畅、条理清楚，通过答辩且成绩评定为优秀，同时具备下列条件之一者，可申报评选。

(1) 立论正确，论证充分，有独特的见解和创新性；

(2) 有一定的科研、学术价值或社会实用价值；

(3) 有个人独创或发明的内容；

(4) 综合运用所学知识分析与解决实际问题的能力较强、较突出。

三、省级优秀毕业论文评选

以江苏省普通高等学校本科优秀毕业设计(论文)评选标准为例，其在评价项目上主要分为选题情况、能力水平、撰写与规范、创新与成果四个方面，在每一个评价项目中还有细致的评价要素，在评选标准中对每一个评价要素的内涵进行了详细阐释。除此之外，还有优秀团队的评选。由于毕业论文写作有一定的系统性，学生之间也要注重团队协作精神，针对一个研究方向不同的研究选题可以组成研究团队，进行毕业论文优秀团队的评选，具体标准如表13-1所示。

表 13-1　江苏省普通高等学校本科优秀毕业设计(论文)评选标准

评价项目	评价要素	评价内涵 (优秀级标准)	评价等级 A：1.00 B：0.85 C：0.75 D：0.65
选题情况 (12分)	选题方向和内容 (4分)	符合本专业的培养目标，达到科学研究、实践能力培养和锻炼的目的	
	难易度 (3分)	满足专业培养方案中对素质、能力和知识结构的要求，有一定难度，工作量饱满	
	理论意义和 实际应用价值 (5分)	选题符合本学科专业的发展，符合科技、经济和社会发展的需要，理论联系实际，具有较好的科技或应用参考价值	

续表一

评价项目	评价要素	评价内涵 (优秀级标准)	评价等级 A：1.00 B：0.85 C：0.75 D：0.65
能力水平 (43分)	文献检索及 综述能力 (10分)	能独立检索中外文献资料，对资料进行分析、综合、归纳等整理，并对所研究问题的现状进行综述，提出存在的问题及进一步发展或研究的方向	
	综合运用知识能力 (10分)	综合应用所学知识，对课题所研究的问题进行分析、论述，研究目标明确，内容具体，且具有一定的深度	
	设计或研究的 方法与手段 (8分)	熟练运用本专业设计或研究的方法、手段和工具开展课题的设计与研究工作	
	专业技能实践 应用水平 (10分)	论文或设计反映出已掌握了较强的专业技能和研究水平，实践应用能力强、水平高	
	计算机及外语 应用能力 (5分)	(1) 熟练使用软件完成论文的录入、排版，且排版的质量高； (2) 能选用专业软件或指定软件进行编程或建模、分析等工作，编程或软件使用水平高； (3) 外文摘要能概括论文的主要内容和观点，用词准确，语法规范，能查阅并恰当、科学地引用本专业外文文献	
撰写与 规范 (25分)	内容与水平 (14分)	概念清楚，内容正确，数据可靠，论据充分，论证严密，分析深入，结论正确	
	结构与写作 (7分)	能够完整地反映实际完成的工作，结构严谨，语言通顺	
	规范化程度 (4分)	符合本校的毕业设计(论文)工作的规范要求，论文中的术语、格式、图表、数据、公式、引用、标注及参考文献的引用及著录规范	

续表二

评价项目	评价要素	评价内涵 （优秀级标准）	评价等级 A：1.00 B：0.85 C：0.75 D：0.65
创新与成果 （20分）	创新与特色 （7分）	（1）论文：基于选题的研究现状进行科学分析与综合，提出新问题，探索解决问题的方法、手段有显著的特色或新意，结论有新见解； （2）设计：将专业知识、技能应用于工程问题的解决，过程符合行业规范，对应用方法分析、探讨有一定新意	
	成果与成效 （13分）	（1）论文：有一定的学术价值； （2）设计：有实物作品、实际运行的系统或具有高复杂度的原型系统，或有实用价值； （3）成果已经得到应用或具有应用前景； （4）有发表/录用的论文或已提交专利申请等	
团队请增加填写此栏 （20分）	系统性 （6分）	整个课题能够覆盖团队成员各专业的知识体系、研究方法和手段，易于拆解为有机联系的若干子课题；各个子课题工作量饱满、联系紧密，但又有一定的区分度	
	组织协作性 （4分）	有教师指导小组，有分工，并有计划和实施方案，保证学生间的相互交流、协作和帮助。体现较强的合作意识和团队精神	
	成效 （10分）	各子课题的实验、研究内容、结论等在总体报告中有具体体现或运用。有共同设计、研究、实验、交流及学习的环节和成果；团队课题的总成果是一个自然、有机的整体；整体质量高，成效明显	
专家推荐等级	一等奖（ ）　二等奖（ ）　三等奖（ ）　不推荐（ ）		
备注			

注：（1）评价等级权重：A(100%)、B(85%)、C(75%)、D(65%)；

（2）对于推荐为“一等奖”或决定“不推荐”的毕业设计（论文）请结合该标准的参考点在备注栏内给出较为详细的说明(100字以内)。

第二节　毕业论文范文选例

下面给出了一篇毕业论文范文。

知识付费平台用户黏性策略研究——以“知乎”为例

摘要：随着知识付费平台的快速发展，其市场竞争也异常激烈。作为典型的知识付费平台，“知乎”急需提高用户黏性以稳定使用者流量。本文以知识付费平台“知乎”为研究对象，探究其用户黏性的影响因素，并通过问卷调查的方式来收集数据。在对用户黏性的影响因素进行分析及检验后，得出的结论是：知识付费产品的内容价值对用户黏性具有显著性影响。由此，本文认为知识付费平台应提供高质量的内容，这样才能有效地提高付费平台的用户黏性。最后，本文对知识付费平台的未来发展提出了建议及展望。

关键词：知识付费，知乎，内容价值，用户黏性

一、绪论

知识付费指的是知识的接收者为所浏览阅读的知识支付费用的现象。知识付费是让知识的接收者间接地向知识的传播者与筛选者给予报酬，而不是平台通过流量或广告等其他方式获得收益。2016 年被称作是“知识变现的元年”，以知乎平台为代表的在线知识型社区经过多年的运营沉淀，推出了值乎、知乎 Live 等付费知识产品。知识付费平台爆红的原因是它抓住了分享经济时代的特点，解决了人们在移动社交体验中知识和经验不对称的问题。知识付费平台的出现使传统知识的获取途径发生了新的转变，也推动了知识内容共享的发展，带动了商业化的知识产品的发展，对我国经济发展起到一定的促进作用。

用户黏性指的是用户在产品的使用过程中，形成的一种不自觉的主观意愿。观察知识付费平台用户的使用态度，对研究用户的偏好及用户对产品的忠诚度和持续使用产品的意愿具有重要的指导意义。随着知识经济和共享经济的不断发展，知识付费平台的可选种类也越来越多，如何吸引新用户和保留老用户已成为各个知识付费平台需要解决的首要问题。

提高用户黏性是知识付费平台关注的重中之重。根据互联网行业所处的发

展阶段和发展趋势，探讨和挖掘推动知识付费平台持续发展的新动能、新模式对知识付费类平台的发展具有重要意义。综上所述，本研究的目的如下：

(1) 了解和掌握影响知乎用户购买产品的因素。

(2) 探索影响知乎用户长期付费购买知识产品的因素，以提高用户黏性和活跃度，建立起知识付费平台与使用者的长期互动关系，提高知识付费平台的核心竞争力。

(3) 探讨和挖掘推动知识付费平台持续发展的新模式和新动能，为知识付费平台带来长期稳固的发展。

(4) 分析知识付费平台现有用户活性不高以及使用者的低增长率的原因。

二、知识付费产业的现状

(一) 知识付费产业的发展现状

互联网知识经过多年的发展，经历了从免费到付费的阶段。艾媒数据(iiMedia Research)显示，在2019年底，我国知识付费用户的人数接近2.898亿人次；2020年，我国知识付费用户的规模提高到了将近3.671亿人次。知识付费类产品市场在2017年的市场规模不到50亿元；但到2018年初，其市场规模便已达到149.2亿元；到了2019年的时候，其市场规模已经接近280亿元；2020年，其市场规模已超过400亿元，增长速度十分惊人。

在近几年中，知识付费行业迅猛发展。喜马拉雅FM音频平台首先迈进知识付费行业；知乎平台推出产品“值乎”和“知乎live”；果壳网推行“在行一点”；“罗辑思维”知识服务商推出产品“得到”。由此可见，知识付费类产品的市场在逐渐壮大，移动支付的技术也在不断地优化，国民对于知识的渴求也在提高，平台使用者对知识内容进行消费的习惯也正在养成，我国的知识付费市场已基本成形。

(二) 知乎平台的发展现状

知乎平台是中文互联网中知名的可信赖问答社区，致力于构建一个人人都可以便捷接入的知识分享网络。在知乎平台中，人们可以便捷地与世界分享知识、经验和见解。用户通过分享彼此之间的见解和经验，可不断地为中文互联网带来各种信息。知乎平台凭借着友善、细致、专业的产品机制和社区氛围，汇集了我国互联网文化、商业、科技领域范畴内具有高度创造力的人群。其宗旨就是让每个人都可以高效地获得可信赖的解答。知乎用户可以通过深层次、多角度地探讨热门话题或热点事件，以及共享具有专业化、多元化的内容来建立连接，从而达到提升自身价值的目的。

2019年8月，知乎平台宣布已经完成第F轮融资，总计4.13亿美元。同年10月，知乎平台直播功能正式上线。10月19日，知乎百科板块启动公共编辑计划，诚邀平台用户一同参与内容创作。另外，在2020年新型冠状病毒疫情暴发期间，知乎同样也为抗疫工作做出一系列贡献，如图1所示。

2019年3月，知乎平台上线新的会员体系——“盐选会员”，对内容和服务体系进行进一步升级。

2019年8月，知乎签约首批NM机构。

2020年1月23日，知乎上线新型冠状病毒防控系列专题，全方位传递科学防疫信息。

2020年2月2日，知乎向武汉捐赠价值超过40万元的医疗物资。

图1　2019年至2020年知乎平台年度热点事件

知乎平台的特色是用户不仅能根据自身感兴趣的话题进行讨论，还能关注与自己有着相近兴趣爱好的其他用户。该特点可以整合发散思维，使知乎平台区别于其他网页，不只是单纯地呈现概念性解释。知乎副总裁、会员事业部负责人张荣乐称，知乎付费用户增速惊人的两个主要原因是：一是知乎平台更多地把目光聚集在内容品类上，充分发扬内容图文的优点，使得知乎满足细分市场的需求；二是会员与问答社区融合得较为恰当，给会员业务带来不少用户和高水平创作者。

2020年3月18日，知乎宣布，截至2月下旬，知乎平台的付费用户数量比去年同期增长了将近4倍。随后，知乎上线了“盐选会员”这一基于社区的高质量数字阅读平台板块。目前知乎平台已为用户提供了近六万个知识产品，其中包含约四万本优质声音书和电子书，两千多个“盐选”专栏，约两万本国内外一线品牌杂志以及共计一万场的知乎Live。

庞大的用户量和高质量的用户群是知乎平台顺利推行付费模式的重要保障。

三、用户黏性的影响因素

用户黏性是衡量用户忠诚度或是用户对平台依赖程度的重要指标，反映了用户的行为特征及心理状态。研究用户黏性最先应做的便是明确其定义，薛君、赵青、张利（2012）认为用户黏性是用户在持续使用产品的基础上形成的一种伴随心理变化的过度使用行为。

Wetherbe和Li Browne (2006)从用户的角度出发，把用户黏性定义为深层次保持和持续使用产品的承诺，无论是否存在其他可能导致用户转换产品的情形，用户都会保持持续使用的偏好。史叶云(2019)认为当下的我们处在时间碎片化、信息过度冗余、知识焦虑以及消费升级的社会，高速发展的社会经济要求人们要持续学习，而用户对获取知识的需求逐渐成了知识付费平台的核心竞争驱动力。佘芷慧(2018)则认为用户的个性化需求正在影响其付费的意愿。总而言之，知识付费平台想要获得长远发展，需要适应用户的个性化需求，与此同时还要持续性提供与用户需求相匹配的服务或产品。

用户黏性越高代表用户有着更强烈的持续使用意愿，证明该服务或产品能够给予用户更好的体验。知乎平台付费产品的用户黏性指使用者在使用过知乎平台上的付费产品后，依旧有意愿持续并长期使用此产品的一种行为或主观意愿。

本文以知乎平台为主要研究对象，通过查阅相关文献，参考相关研究，结合对知乎用户的问卷调查结果，找到影响知识付费平台的用户黏性的因素。

作者于2020年2月3日在问卷星平台上发放调查问卷，截至2020年3月27日，共获取问卷215份。调查问卷以设定筛选题项“您是否使用过知乎”为条件，筛选剔除回答为“否”的答卷，总计200份有效问卷。

（一）描述性统计分析

对收回的有效调查问卷进行统计特征分析，样本分布情况如表1所示。

表1　样本分布情况

特征变量	类　型	频　率	百分比/%
性别	男	87	43.5
	女	113	56.5
年龄	18～25岁	75	37.5
	26～35岁	80	40.0
	36～50岁	25	12.5
	其他	20	10.0
学历	高中及以下	22	11.0
	专科	93	46.5
	本科其他	33	16.5
	硕士及以上	52	26.0

续表

特征变量	类　型	频　率	百分比/%
购买知乎哪些付费产品(多选)	Live 讲座	26	14.86
	付费咨询	92	52.57
	"盐选"专栏	101	57.71
	知乎书店	74	42.29
	其他	32	18.29
	未购买过	10	5.71
还使用过哪些知识付费类平台(多选)	微博	79	45.14
	得到	78	44.57
	喜马拉雅	74	42.29

分析结果如下：

(1) 性别方面。男性占43.5%，女性占56.5%，男女比例相当。

(2) 年龄方面。18～25岁的人群占37.5%，26～35岁的人群占40.0%，35岁以下的人群占样本总数的77.5%，可见，知乎付费用户的主要群体是年轻人。

(3) 教育状况方面。在参与调查的总人群中，受教育程度在专科及以上的人群占到了总样本数量的89%，高中及以下学历的人群占11%。这一数据结果说明参与调研的人群整体学历水平较高，这一人群也是知识渴求的主要群体。

(4) 有将近或超过一半的受访者使用过付费咨询、"盐选"专栏、知乎书店，说明这几类产品在受访者中受认可度较高。

(5) 除此之外，受访者对于微博平台、得到平台和喜马拉雅FM的使用率分别占到45.14%、44.57%、42.29%，这三个平台与知乎平台在受访对象中同样受欢迎，是知乎平台强有力的竞争对手。

(二) 因子分析

运用SPSS22.0软件对客户黏性维度进行KMO检验和Bartlett检验，结果如表2和表3所示。根据Kaiser提出的KMO值决策标准，KMO值大于0.5即可做因子分析，KMO值越接近1说明变量间的共同因子越多，越适合做因子分析。量表中的KMO值为0.653，显著性水平Sig为0.000，这两个数值已达到显著性水平，说明本研究的KMO值能达到标准，通过Bartlett的球形度检验，非常适合做因子分析。表4中抽取了2个因子进行分析，因子1将其命名为口碑黏性；因子2将其命名为购买黏性。

表 2　KMO 和 Bartlett 的检验

取样足够度的 Kaiser-Meyer-Olkin 度量	0.653	
Bartlett 的球形度检验	近似卡方	132.161
	df	10
	Sig	0.000

表 3　解释的总方差

成分	初始特征值			提取平方和载入			旋转平方和载入	
	合计	方差的百分比	累积/%	合计	方差的百分比	累积/%	合计	方差的百分比
1	2.12	42.39	42.39	2.12	42.39	42.39	1.69	33.86
2	1.09	21.88	64.27	1.09	21.88	64.27	1.52	30.41
3	0.75	15.08	79.35	—	—	—	—	—
4	0.55	11.15	90.50	—	—	—	—	—
5	0.47	9.49	100.00	—	—	—	—	—

表 4　旋转成分矩阵

问　　项	成　　分	
	1(口碑黏性)	2(购买黏性)
朋友推荐	0.81	0.08
增加新产品购买	0.73	0.05
无替代品	0.68	0.27
增加购买投入	0.05	0.88
持续购买	0.21	0.82

(三) 回归分析

1. 口碑黏性回归分析

以口碑黏性为因变量，以内容价值、隐私泄露和便利程度为预测变量进行回归分析，估计变量间的关系并检验显著性。

回归系数的显著性检验结果如表 5 所示。在自变量中，与隐私泄露对应的 Sig 值为 0.05，与内容价值对应的 Sig 值为 0.00，因为这两个影响因素的显著性概率均小于 0.05，所以这两个影响因素的显著性较高。而便利程度的 Sig 值为 0.32，其显著性概率大于 0.05，由此可见，口碑黏性的作用不显著。

表 5　口碑黏性影响系数

模　型	非标准化系数		标准系数	T 统计量	Sig
	系数(B)	标准误差			
常量	0.14	0.27	—	0.52	0.61
便利程度	0.06	0.06	0.07	1.00	0.32
隐私泄露	−0.11	0.06	−0.14	−1.99	0.05
内容价值	0.38	0.07	0.38	5.35	0.00

2. 购买黏性回归分析

以购买黏性为因变量，内容价值、隐私泄露和便利程度为预测变量进行回归分析。回归系数的显著性检验结果如表 6 所示。与自变量内容价值对应的 Sig 值为 0.00，与便利程度相对应的 Sig 值为 0.00，因为这两个影响因素的显著性概率均小于 0.05，所以这两个影响因素的显著性较高。而隐私泄露的 Sig 值为 0.65，其显著性概率大于 0.05，由此可见，其对购买黏性的作用不够显著。

表 6　购买黏性影响系数

模　型	非标准化系数		标准系数	T 统计量	Sig
	系数(B)	标准误差			
常量	−1.100	0.27	—	−4.08	0.00
便利程度	0.32	0.06	0.38	5.50	0.00
隐私泄露	0.03	0.06	0.03	0.46	0.65
内容价值	0.21	0.07	0.21	2.95	0.00

四、结论及策略分析

依据上述分析，如果想要提高知识付费平台的用户黏性，就需对内容价值方面有更多的关注。内容价值的质量对口碑黏性和购买黏性的形成均具有显著作用。知识付费平台运营商可以从以下几个方面来制订相应的对策。

(1) 提高对内容的审核标准，提高平台准入门槛。

平台应切实保障输出优质的产品内容。相较于其他知识付费类平台，知乎平台的用户大多具有较高的文化素养，其中部分用户为互联网从业人员，更有一些内容回答者出自行业内的专家。但是因为知乎平台对内容的审核不够严谨，从而导致用户在使用时会接收到低俗的内容，引起用户的不满和抵触情绪。因此，知乎平台管理者应当对内容的审核有更加严格的标准和机制，否则那些对平台有忠诚度的用户将会流失。

因为平台准入门槛降低，用户数量急剧增多，这使得知乎平台的整体氛围逐渐趋向于普通论坛，平台的知识质量不断降低，这些现象引起了初始平台用户的不满，平台的投诉率也同比增多，平台的用户黏性也开始降低。

(2) 增强内容感知的有趣性，提升内容的新颖、新奇程度。

平台研发者在设计付费内容产品时，应以平台的用户黏性为中心，提升付费内容的新颖程度，增进内容的趣味性，由此激发用户的购买欲望，继而促使其购买付费产品。具有趣味性的内容不仅可以吸引用户的强烈兴趣，还能将自己良好的平台体验分享给身边的人，这样不仅能增大信息的传播性，还能提升平台的口碑黏性。由此可见，针对用户的个性化需求，平台拓展诸多热门领域，打造具有内涵、深层次的产品，做到最大程度上与用户的个性化需求相匹配，有利于提升平台的用户黏性。

(3) 针对用户个性化需求，区分多元化频道模块。

在知识付费市场上，内容产品同质化问题非常严重。每当社会上有热点话题或是热门事件被报道出来时，各个知识付费类平台就会纷涌而入，争相推送热点话题内容，这种"蹭热点"的现象易引起用户反感。知识付费平台应做到依据用户的个性化需求展现来自社会不同领域的专业化知识。

目前市场上的知识付费平台所展现出的内容多是开放性的，知乎平台应瞄准用户的不同需求，将内容推荐做到精准化，实行付费模块的精细化分类管理，并基于用户导向来设置多元化频道专栏。知乎平台作为一个大型的中文问答社区，各行各业的人员参与其中，他们在平台上分享自己的知识、经验与见解，而用户在知乎平台上所能看到的信息基本上也都是开放性的回答或内容，不存在答案的标准性与规范性。但这也会带给用户一种推送内容杂乱无章的感觉。正因如此，知乎更要设计一套完善的算法程序去筛选和过滤低质量的内容，切实做到根据用户的喜好来推送实用、快捷、便利的产品，为用户提供真正想要了解的内容，从而提高平台的用户黏性，降低用户流失的概率。

(4) 切实加强人才储备，引进高水平内容创作者。

知识付费平台想要提高知名度，应先提高内容创作者的业务水平，因为创作者能创作出优质的内容是平台保证知名度的先决条件。所以，知乎平台可与各大高校合作，比如聘请高校具有学术权威性的学者，让其为平台创造优质内容。这样既可保障内容的可信度，也能为平台带来知名度，平台的可信度提高了，用户对产品的购买意愿自然也会随之提高。

(5) 减少平台广告营销，避免过度商业化。

作为一个中文问答社区，知乎平台早期的广告投放量并不多。之后，知乎平台为追寻更高的平台利益，页面的大多数板块被各种广告充斥。除"知乎想法"和"知乎大学"两个相对比较"干净"的模块外，其他页面上已经没有什么板块是零广告的。知乎平台应考虑如何保持内容质量与广告盈利之间的良好平衡。知乎平台需要有一定的经济收益，但保证内容或产品品质的高标准也是极其重要的，平台应增强口碑宣传，对服务、内容进行深耕和细化。过度地投放广告容易适得其反。从营销的角度出发，平台利用良好的口碑提高用户黏性，确保已有的老用户，再去吸引新的用户才是关键。

参考文献

[1] 张旭光. 共享经济视角下网络付费问答平台的传播机制研究[D]. 南宁：广西大学，2017.

[2] 陆春晖. 共享经济下知识付费模式研究[J]. 现代商业，2017，(33)：162－163.

[3] 张晶玮. 用户视角下知识付费发展趋势探究[D]. 兰州：兰州财经大学，2018.

[4] 王大庆. 在线知识付费产品用户付费意愿的影响因素研究[D]. 武汉：武汉大学，2018.

[5] 史叶云. 知识付费发展现状与改进策略分析：以知乎为例[J]. 商业经济，2019，(05)：137－139.

[6] 梦非. 社会化商务环境下意见领袖对购买意愿的影响研究[D]. 南京：南京大学，2012.

[7] 王崇. 网络消费者购买意愿影响因素模型研究[D]. 哈尔滨：哈尔滨工业大学，2007.

[8] 王赟芝. 自媒体用户信息内容消费意愿影响因素研究[D]. 合肥：安徽大学，2017.

[9] 刘佩，林如鹏. 网络问答社区"知乎"的知识分享与传播行为研究[J]. 图书情报知识，2015(6)：109－119.

[10] 陈娟，邓胜利. 社会化问答平台用户体验影响因素实证分析：以知乎为例[J]. 图书情报工作，2016，59(24)：102－108.

[11] 张楠，郭迅华，陈国青. 信息技术初期接受扩展模型及其实证研究[J]. 系统工程理论与实践，2007(9)：123－130.

[12] 吴翰. 知乎情境下的TAM模型实证研究[J]. 新闻世界，2015(12)：111－113.

[13] 克莱·舍基. 认知盈余：互联网时代普通人如何改变世界[M]. 胡泳，哈利丝，译. 北京：中国人民大学出版社，2011.

[14] COHEN S C，BAILEY D E. What make team work：Group effectiveness research from the shop floor to the executive suite [J]. Journal of Management，1997(03)：239－290.

[15] 张帅，王文韬，李晶. 用户在线知识付费行为影响因素研究[J]. 图书情报工作，2017(10)：94－100.

[16] 郭慧. 知识生产与创新视野下对知识付费现象的反思[J]. 出版发行研究，2017(12)：09－12.

附：

知乎平台知识付费产品用户黏性影响因素调查

您好，我是一名大学生，正在就知识付费的相关内容进行调研。

知乎是一款知识分享App，链接各个行业提供专业、有趣、多元的知识。

现在我们正在进行一项关于知乎App使用情况以及用户体验的调查，请您按照自己的实际情况填写问卷，谢谢您的配合。

1. 您的性别是？

A. 男　　B. 女

2. 您的年龄是？ *

A. 0至17岁　　B. 18岁至25岁

C. 26岁至35岁　　D. 36岁至50岁

E. 51岁及以上

3. 您的学历是？ *

A. 高中及以下　　B. 专科

C. 本科　　D. 硕士及以上

4. 您是否使用过知乎？ *

A. 是　　B. 否(结束作答)

*此题设置了跳转逻辑

5. 您是否购买过知乎社区知识付费平台的产品？ *

A. 是　　B. 否(结束作答)

6. 您购买过知乎社区哪些付费产品(可多选)? *[多选题]

A. Live讲座　　B. 付费咨询

C. 盐选专栏　　D. 知乎书店

E. 其他

7. 您还使用过哪些知识付费平台？ *[多选题]

A. 百度问答　　B. 微博

C. 得到　　D. 喜马拉雅FM

E. 千聊　　F. 分答

G. 其他

8. 您认为您购买付费产品的过程(支付过程)是方便的。*

A. 完全不同意　　B. 不同意

C. 一般　　D. 同意

E. 完全同意

9. 您愿意持续购买知乎平台的付费产品。*

A. 完全不同意　　B. 不同意
C. 一般　　D. 同意
E. 完全同意

10. 未来我会保持或增加使用知乎平台付费产品的频率，甚至延长平台使用时间。

A. 完全不同意　　B. 不同意
C. 一般　　D. 同意
E. 完全同意

11. 您认为购买付费产品时，隐私信息可能被泄露。

A. 完全不同意　　B. 不同意
C. 一般　　D. 同意
E. 完全同意

12. 您认为您购买的内容对您是有一定帮助的。*

A. 完全不同意　　B. 不同意
C. 一般　　D. 同意
E. 完全同意

13. 您觉得知乎社区的付费内容具有吸引力、新颖独特的特性。

A. 完全不同意　　B. 不同意
C. 一般　　D. 同意
E. 完全同意

14. 您觉得知乎社区的平台界面简约大方。

A. 完全不同意　　B. 不同意
C. 一般　　D. 同意
E. 完全同意

15. 您觉得知乎付费内容可以满足您的需求，有效地使您获得所需要的信息。*

A. 完全不同意　　B. 不同意
C. 一般　　D. 同意
E. 完全同意

16. 总体而言，知乎平台的付费产品超出了我的期望值标准。

A. 完全不同意　　B. 不同意
C. 一般　　D. 同意
E. 完全同意

17. 我想我不会轻易用其他付费产品来取代知乎平台的付费产品。

A. 完全不同意　　B. 不同意

C. 一般　　D. 同意

E. 完全同意

18. 您愿意向身边的朋友推荐知乎平台。*

A. 完全不同意　　B. 不同意

C. 一般　　D. 同意

E. 完全同意

19. 如果知乎有新的付费产品出现，您愿意继续购买。*

A. 完全不同意　　B. 不同意

C. 一般　　D. 同意

E. 完全同意

问卷到此结束，再次感谢您的支持！

扩展阅读

本科毕业论文是高校人才培养的重要环节。优秀本科毕业论文的产生需要综合考虑学生科研综合素质、教师专业素质和外部管扶机制。学生应树立正确的科研理念，发扬刻苦研习的精神，落实积极写作的行为；教师应增强责任感和素养，增强指导学生毕业论文的耐心与信心，推进科研指导过程的连贯性；管理上应重视学生科研训练的意义，增强论文管理层面的力度与效度，不断加强对优秀毕业论文写作的条件支撑。具体机制如图 13－1 所示。

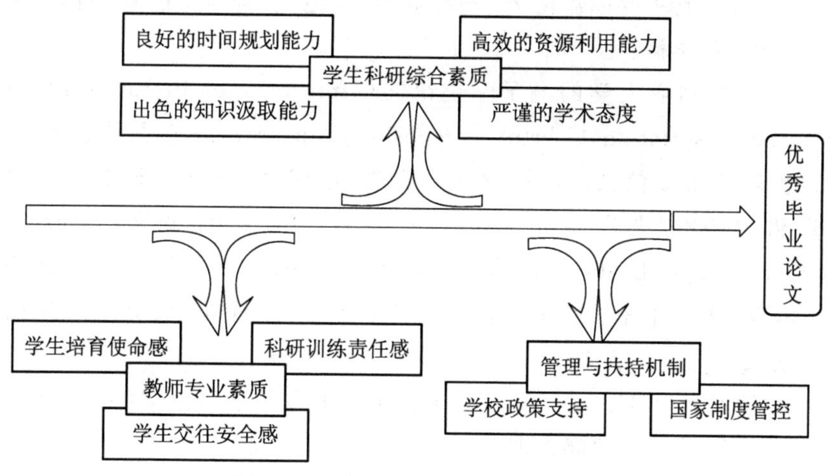

图 13－1　优秀毕业生论文产生模型

附录Ⅰ

常用的国内外研究资料

一、文献资料类

1. 伍斯特理工学院(Worcester Polytechnic Institute):http://www.wpi.edu/Pubs/ETD/。它主要涵盖生物、电子、计算机、材料、物理、机械等学科。

2. 诺丁汉大学(The university of Nottingham)的论文数据库:http://eprints nottingham.ac.uk/。它主要涵盖医学、艺术、教育、法学、工学等学科。

3. 宾夕法尼亚州大学电子论文库(The Pennsylvania State University's electronic Theses and Dissertations Archives):https://etda.libraries.psu.edu/。它主要涵盖材料学、教育学、工学、法学、医学、航空、经济、化工、建筑等各个学科,可在线免费获取。

4. 北卡罗莱纳州立大学(North Carolina State University):http://www.lib.ncsu.edu/。它主要涵盖化学、物理学、电子电气、核能、机械、材料、食品、林业、土壤等各学科。

5. 比勒陀利亚大学的电子学位论文(University of Pretoria: Electronic Theses and Dissertations):https://repository.up.ac.za/。它主要涵盖社会学、食品、建筑、经济、信息、生化、教育、管理、心理学、法学等学科。

6. 俄亥俄州立大学(Ohio State University)的电子学位论文:https://etd.ohiolink.edu/acprod/odb_etd/r/etd/search/1? clear=0,1,5,10,20,21,1001。它主要涵盖机械、电子、管理、哲学、化学、环境学、材料、数学、物理等学科,可免费获取。

7. 田纳西大学(University of Tennessee)的电子学位论文:https://digital.lib.utk.edu/。它主要涵盖理学、工学、农学等学科。

8. 加拿大 AMICUS 学位论文:https://library-archives.canada.ca/eng。

AMICUS 为全加拿大公共书目信息检索系统，其学位论文库建立于 1965 年，收录加拿大 1300 多个图书馆的学位论文信息。另外还可免费检索和获得加拿大 1998 年至今以来出版的部分论文信息。

9. 加利福尼亚大学国际和区域数字馆藏：http://repositories.cdlib.org/escholarship/。它主要提供已出版的期刊论文、未出版的研究手稿、会议文献以及其他链接出版物上的文章，均可免费阅读。

10. 剑桥大学机构知识库：https://www.repository.cam.ac.uk/home。它主要提供剑桥大学相关的期刊、学术论文、学位论文等电子资源。

11. 发展中国家联合期刊库：http://www.bioline.org.br/。它是非营利的电子出版物服务机构，提供来自发展中国家(如巴西、古巴、印度、印尼、肯尼亚、南非、乌干达、津巴布韦等)的开放获取的多种期刊的全文。

12. CERN Document Server ：https://cds.cern.ch/。它主要覆盖物理学及相关学科，包括预印文献、期刊论文、图书、图片、学位论文等。

13. ArXiv：https://arxiv.org/。它是属于香奈儿大学的非营利教育机构，面向物理学、数学、非线性科学、计算机科学和定量生物学等学科提供多种免费电子期刊的访问。

14. NASA Technical Reports Server：http://ntrs.nasa.gov/。它主要提供关于航空航天领域研究的科技报告和会议论文。

15. Energy Citations Database：http://www.osti.gov/。它主要提供美国能源部的科技信息摘要。学科范围：材料科学、环境科学、计算机、能源和物理。文献类型包括期刊论文、学位论文、研究报告和专利。

16. DOAJ (Directory of Open Access Journals)：http://www.doaj.org/。它是免费的全文科技学术期刊。

17. HighWire 出版社：https://www.highwirepress.com/。斯坦福大学图书馆的分支机构——HighWire 出版社，拥有最大的免费期刊数据库。

18. 田纳西大学(University of Tennessee)的经济学杂志：https://digital.lib.utk.cdu/。它包括 2000 年至 2002 年三年共 12 期的免费期刊。

19. 统计软件杂志(Journal of Statistical Software)：https://www.jstatsoft.org/index。它由美国统计协会出版，提供 1996 年至今的学术论文，可以免费获取全文。

20. 世界银行报告：https://documents.worldbank.org/en/publication/documents-reports。它汇集了庞大的银行报告。

21. NAP 免费电子图书：https://nap.nationalacademies.org/。可以通过其免费在线浏览多种电子图书，包括环境、生物、医学、计算机、地球科学、数学、统计学、物理、化学、教育等。

二、国内外二手调查数据资源

1. 中国家庭动态跟踪调查

中国家庭动态跟踪调查(Chinese Family Panel Studies，CFPS)是北京大学中国社会科学调查中心实施的一项旨在通过跟踪搜集个体、家庭、社区三个层次的数据，反映中国社会、经济、人口、教育和健康的变迁，为学术研究和政策决策提供数据的重大社会科学项目。网址：https://www.isss.pku.edu.cn/。

2. 中国健康与养老追踪调查

中国健康与养老追踪调查(China Health And Retirement Longitudinal Study，CHARLS)旨在收集一套代表中国 45 岁及以上中老年人家庭和个人的高质量微观数据，用以分析我国人口老龄化问题，推动老龄化问题的跨学科研究。CHARLS 全国基线调查于 2011 年开展，覆盖 150 个县级单位，450 个村级单位，约 1 万户家庭中的 1.7 万人。这些样本以后每两年追踪一次，调查结束一年后，数据将对学术界展开。网址：https://charls.pku.edu.cn/。

3. 中国综合社会调查

中国综合社会调查(China General Social Survey，CGSS)是中国第一个全国性、综合性、连续性的大型社会调查项目。从 2003 年开始每年一次，对全国 125 个县(区)，500 个街道(乡、镇)，1000 个居(村)委会、10 000 户家庭中的个人进行调查。通过定期、系统地收集中国人与中国社会各个方面的数据，总结社会变迁的长期趋势，探讨具有重大理论和现实意义的社会议题，推动国内社会科学研究的开放性与共享性，为国际比较研究提供数据资料。CGSS 调查数据及其他调查资料向全社会完全开放，其数据在国内外产生重大影响，被视作研究中国最重要的数据来源之一。网址：https://ruc.edu.cn。

4. 中国家庭收入调查

中国家庭收入调查已经收集了 1988 年、1995 年、2002 年、2007 年和 2013 年的收支信息，以及其他家庭和个人信息。最新公开数据：CHIP 2013。以 CHIP 2013 为例，样本覆盖了东、中、西部的 15 个省份、126 城市、234 个县区。分析单位与调查规模：家庭、个人；包含 3 个子数据库[城镇住户、农村住户、流动人口(2002 年以后新增)]。被称为迄今中国收入分配与劳动力市场研究领域中最具权威性的基础性数据资料。网址：http://www.ciidbnu.org/。

5. 中国家庭金融调查

中国家庭金融调查研究中国家庭金融问题、劳动经济学的相关问题。2011年开始首轮调查，每两年进行一次追踪调查。网址：http://chfs.swufe.edu.cn/。

6. 中国城镇住户调查

中国城镇住户调查每年调查一次，文献中较早的数据可以追溯到20世纪80年代。所含经常性调查户每年轮换1/3，即每个家庭(个体)样本存续期为3年，从而形成连续面板数据。调查全国范围内城市市区和县城关镇区的住户。网址：特殊申请。

7. 中国人口普查(抽样调查)

中国人口普查(抽样调查)以研究计划生育效果、劳动力迁移、人口老龄化、留守老人与儿童、房地产价格等为主，主要调查个人层次变量：人口学特征、就业、教育、迁移等。网址：特殊申请。

8. 中国劳动力动态调查

中国劳动力动态调查通过对中国城乡以村/居为追踪范围的家庭、劳动力个体开展每两年一次的动态追踪调查，系统地监测村/居社区的社会结构和家庭、劳动力个体的变化与相互影响，建立劳动力、家庭和社区三个层次上的追踪数据库，从而为进行实证导向的高质量的理论研究和政策研究提供基础数据。网址：http://css.sysu.edu.cn/。

9. 中国教育追踪调查

中国教育追踪调查旨在揭示家庭、学校、社区以及宏观社会结构对于个人教育产出的影响，并进一步探究教育产出在个人生命历程中发生作用的过程。网址：http://ceps.ruc.edu.cn/。

10. 中国宗教调查

中国宗教调查旨在记录并解释中国宗教的现状与变迁，全面收集中国宗教不同层次的基础数据，综合反映中国社会转型时期的宗教发展状况。网址：http://crs.ruc.edu.cn/。

11. 中国流动人口动态监测调查

中国流动人口动态监测调查数据主要调查较为详细的流动人口的人口基本特征、教育、流动情况、职业、配偶和子女等信息，该调查每年一次。网址：https://www.chinaldrk.org.cn/wjw/#/home。

12. 全国农村固定观察点调查

全国农村固定观察点调查数据最早开始于 1984 年，主要调查家庭基本情况、土地情况、固定资产、农业生产与经营、家庭收支与消费、居住情况等项目，较为全面地反映了中国各地区农户及其家庭成员的生产、消费、就业、生活及其他各项活动。网址：特殊申请。

13. 注册查询系统中心

注册查询系统中心准确地反映中国最新的专利发明，适用于全国各种类型企业专利申请，该系统收录了中国自 1985 年实施专利制度以来的全部中国专利数据，具有较高的权威性，网上数据每周更新一次，是国内最好的专利数据库检索系统之一。网址：https://gjsb.wjkjbj.store/。

14. 中国健康与营养调查

中国健康与营养调查是由美国北卡罗来纳大学人口中心与中国疾病预防控制中心营养与健康所国际合作项目，旨在研究国家和地方政府实施的健康、营养和计划生育政策的效果，并了解中国的社会和经济转型如何影响其人口的健康和营养状况。网址：http://www.cpc.unc.edu/projects/china/。

15. 密歇根大学的健康与退休研究

密歇根大学的健康与退休研究（HRS）在国家老龄化研究所和社会保障管理局的支持下，探讨了劳动力参与的变化以及个人在其工作生涯结束时以及随后几年中所经历的健康转变。网址：http://hrsonline.isr.umich.edu/。

16. 欧洲社会调查

欧洲社会调查是一项学术驱动的跨国调查，自 2001 年以来每两年在欧洲进行一次。该调查测量了 30 多个国家不同人群的态度、信仰和行为模式。网址：https://www.europeansocialsurvey.org/。

附录Ⅱ

中国图书馆分类法

A 马克思主义、列宁主义、毛泽东思想、邓小平理论
B 哲学、宗教
C 社会科学总论
D 政治、法律
E 军事
F 经济
G 文化、科学、教育、体育
H 语言、文字
I 文学
J 艺术
K 历史、地理
N 自然科学总论
O 数理科学和化学
P 天文学、地球科学
Q 生物科学
R 医药、卫生
S 农业科学
T 工业技术
U 交通运输
V 航空、航天
X 环境科学、安全科学
Z 综合性图书

参 考 文 献

[1] 顾宝艳，李福芝，王婧娟. 毕业论文写作[M]. 北京：北京师范大学出版社，1987.

[2] 黄玲. 毕业论文写作与答辩[M]. 成都：四川大学出版社，2007.

[3] 洪全. 信息检索与利用[M]. 北京：清华大学出版社，2007.

[4] 来玲，陈文生. 信息资源（文献）检索与利用[M]. 大连：东北财经大学出版社，2007.

[5] 刘建新，郭百灵. 在职研究生毕业论文写作与答辩指南[M]. 济南：济南出版社，2012.

[6] 卢圣泉. 毕业论文写作指导[M]. 武汉：武汉出版社，2005.

[7] 王嘉陵. 毕业论文写作与答辩[M]. 成都：四川大学出版社，2003.

[8] 王立诚. 科技文献检索与利用[M]. 5 版. 南京：东南大学出版社，2014.

[9] 邓富民，梁学栋，唐建民. 文献检索与论文写作[M]. 3 版. 北京：经济管理出版社，2023.

[10] 邢彦辰. 赵满华. 毕业论文写作与文献检索[M]. 北京：北京邮电大学出版社，2010.

[11] 张美芳，王者乐. 文献检索与利用[M]. 上海：上海社会科学院出版社，2000.

[12] 李振华. 文献检索与论文写作[M]. 2 版. 北京：清华大学出版社，2022.

[13] 赵金海，高伟，王洪杰. 文献检索与利用[M]. 天津：天津教育出版社，2007.

[14] 王琦，王冠韬. 文献信息检索教程[M]. 2 版. 北京：电子工业出版社，2017.

[15] 万树，曾宪影. 文献检索与论文写作实训[M]. 北京：高等教育出版社，2023.

[16] 邓富民，梁学栋. 文献检索与论文写作[M]. 2 版. 北京：经济管理出版社，2017.

[17] 王红军. 文献检索与科技论文写作入门[M]. 北京：机械工业出版社，

2018.

[18] 孙平，伊雪峰．科技写作与文献检索[M]．2版．北京：清华大学出版社，2016.

[19] 李振华．文献检索与论文写作[M]．北京：清华大学出版社，2016.

[20] 黄军左，丁书江．文献检索与科技论文写作[M]．3版．北京：中国石化出版社，2018.

[21] 郑霞忠，黄正伟．科技论文写作与文献检索[M]．武汉：武汉大学出版社，2012.

[22] 孙洁，陈雪飞．毕业论文写作与规范[M]．2版．北京：高等教育出版社，2014.

[23] 武丽志，陈小兰．毕业论文写作与答辩[M]．北京：高等教育出版社，2015.

[24] 吴秀明，李友良，张晓燕．文科类学生毕业论文写作指导[M]．2版．杭州：浙江大学出版社，2013.

[25] 赵公民，聂锋．经济管理类毕业论文写作与答辩[M]．2版．北京：高等教育出版社，2017.

[26] 刘晓华，任廷琦．毕业论文写作导论[M]．北京：科学出版社，2004.